Gozokiak Mundu Zaharretik

Sukaldeko Lapurrak

Anaïs Larrazabal

Edukia

Pie genotarra 12

Jengibre tarta 13

Marmelada pastelak 14

Pecan Pie 15

Pecan eta Apple Pie 16

Gainsborough Tarta 17

Limoi pastela 18

Limoizko tartilak 19

Laranja tarta 20

Udare pastela 21

Udare eta almendra tarta 22

Royal Raisin Pie 24

Tarta mahaspasekin eta krema garratzarekin 26

Marrubi tarta 27

Melaza pastela 29

Intxaur eta melaza tarta 30

Amish Shoo-fly tarta 31

Bostongo nat ebakia 32

American White Mountain Cake 33

American Buttermilk Cake 35

Karibeko jengibre eta ron tarta 36

Sachertorte 37

Karibeko Ron Fruta Tarta 39

Danimarkako gurin pastela ... 41
Danimarkako kardamomo tarta ... 42
Gâteau Pithiviers ... 43
Galette des Rois ... 44
Krema karamelua ... 45
Gugelhopf ... 46
Gugelhopf luxuzko txokolatea ... 48
Lapurtua ... 50
Almendra Stollen ... 52
Pistatxoa Stollen ... 54
Baklava ... 56
Hungariar fedea Stressel ... 57
Panfort ... 59
Pasta tarta zintarekin ... 60
Italiako arroz pastela Grand Marnierrekin ... 61
Siziliako bizkotxoa ... 62
Italian Ricotta Tarta ... 63
Italian Vermicelli pastela ... 64
Italian intxaur eta mascarpone tarta ... 65
Holandako sagar tarta ... 66
Norvegiako tarta arrunta ... 67
Norvegiako kransekake ... 68
Portugalgo koko pastelak ... 69
Eskandinaviar tarta Tosca ... 70
Hegoafrikako Hertzog gailetak ... 71
Euskal pastela ... 72
Almendra eta krema gazta kotxea ... 74

Schwarzwald Gâteau 76

Txokolate eta almendra Gâteau 77

Txokolatezko Gazta Tarta Gâteau 78

Txokolate Fudge Gâteau 80

Algarroba Mint Gâteau 82

Ice Coffee Gâteau 83

Kafe eta Intxaur Eraztun Gâteau 84

Danimarkako txokolatea eta Gâteau esnea 86

Fruta Gâteaua 88

Fruity Savarin 89

Jengibre tarta 91

Mahats eta mertxiketako gateaua 92

Lemon Gâteau 94

Marron Gâteau 95

Milaorria 97

Orange Gâteau 98

Lau geruzako laranja marmelada Gâteau 99

Pecan eta Date Gâteau 101

Arana eta Kanela Gâteaua 103

Prune Layer Gâteau 104

Tarta ortzadar marradun 106

Gâteau St-Honoré 108

Marrubi Choux Gâteau 110

Marrubi Fruta Gâteaua 111

Malagan bustitako pastela espainiarra 112

Gabonetako pastela 113

Marrubi Mousse Gâteau 114

Gabonetako egunkaria ... 116
Pazko Bonnet Tarta ... 118
Simnel Pazko tarta ... 119
Hamabigarren Gaueko Tarta ... 121
Mikrouhin labean sagar tarta ... 122
Mikrouhin labean sagar tarta ... 123
Sagar eta intxaur pastela mikrouhinean ... 124
Mikrouhin-labean Azenario Tarta ... 125
Mikrouhinen tarta azenario, anana eta fruitu lehorrekin ... 126
Mikrouhin-labean saldoa ondua ... 128
Gazta tarta banana eta fruta pasioarekin mikrouhinean ... 129
Laranjazko gazta tarta mikrouhin labean labean ... 130
Mikrouhin-labean Anana Gazta Tarta ... 131
Gerezi eta intxaur ogia mikrouhin labean ... 132
Mikrouhin labeko txokolate tarta ... 133
Mikrouhin labean txokolatezko almendra tarta ... 134
Mikrouhin labean txokolate txip bikoitza ... 136
Mikrouhin laberako txokolate-datilak ... 137
Mikrouhin-labean txokolate karratuak ... 138
Kafe tarta azkarra mikrouhinean ... 139
Mikrouhin labean Gabonetako pastela ... 140
Mikrouhin labean tarta apurrearekin ... 142
Mikrouhinen datu-bideak ... 143
Mikrouhin-laburreko piku-ogia ... 144
Mikrouhin-labeak ... 145
Mikrouhin labean fruta pastela ... 146
Mikrouhin-labean fruta eta koko karratuak ... 147

Mikrouhin labeko fudge tarta 148

Mikrouhin-labean gingerbread 148

Mikrouhin-labean jengibre makilak 150

Urrezko tarta mikrouhin labetik 151

Mikrouhin labeko ezti eta hur pastela 152

Mikrouhin laberako muesli barra mastekagarriak 153

Mikrouhin labeko intxaur pastela 154

Mikrouhin laranja pastela 155

Pavlova mikrouhin labea 156

Mikrouhinen tarta 157

Mikrouhin labean marrubi tarta 158

Mikrouhin labean bizkotxoa 159

Sultana mikrouhin tabernak 160

Mikrouhin laberako txokolate txip cookieak 161

Mikrouhin-labean Koko Cookieak 162

Mikrouhin-labea Florentinak 163

Intxaur eta gerezi cookieak mikrouhinean 164

Sultana mikrouhin-labeko cookieak 165

Mikrouhinean labeko platano-ogia 166

Mikrouhin labean gazta ogia 167

Intxaur ogia mikrouhin laberako 168

No Bake Amaretti Tarta 169

Arroz kurruskaria amerikar makilak 170

Abricot karratuak 171

Suitzako abrikot pastela 172

Hautsitako cookie pastelak 173

Ez labean esne tarta 174

Gaztaina moztua 175

Gaztaina bizkotxoa 176

Txokolate eta almendra barrak 178

Txokolatezko tarta 179

Txokolate karratuak 180

Txokolate tarta hozkailuarekin 181

Txokolate eta fruta tarta 182

Txokolate eta jengibre karratuak 183

Luxuzko txokolatea eta jengibre karratuak 184

Ezti txokolatezko galletak 185

Txokolatezko geruza tarta 186

Txokolate barra politak 187

Txokolatezko praline laukitxoak 188

Koko patata frijituak 189

Crunch tabernak 190

Koko eta mahaspasekin patata frijituak 191

Kafe esne karratuak 192

Ez labean fruta pastela 193

Fruta karratuak 194

Fruta eta zuntz crackling 195

Turroi tarta 196

Esnea eta intxaur muskatua karratuak 197

Muesli Crunch 199

Laranja aparra karratuak 200

Kakahuete karratuak 201

Mint Caramel Cookieak 202

Arroz crackers 203

Toffettea arroz eta txokolatearekin 204

Almendra pasta 205

Almendra pasta azukrerik gabe 206

Errege izotza 207

Icing azukrerik gabe 208

Fondant frostinga 209

Gurina izoztea 210

Txokolatezko gurin krema frostinga 211

Txokolate zuriko gurin krema frostinga 212

Kafe Gurina Frosting 213

Limoi Gurina Frostinga 214

Laranja gurin krema izoztea 215

Gazta kremazko izoztea 216

Frosting laranja 217

Laranja likore gaina 218

Pie genotarra

23 cm/9 tarta bat egiten du

100g/4oz hostore

50 g/2 oz/¼ Kopako gurina edo margarina, bigundua

75 g/3 oz/1/3 kopa azukre (oso fina).

75 g/3 oz/¾ kopa almendra, txikituta

3 arrautza, bereizita

2,5 ml/½ koilarakada bainila esentzia (estraktua)

100 g/4 oz/1 Kopako irina arrunta (erabilera guztietarako).

100 g/4oz/2/3 cup azukre (gozotegiak), bahetuta

Limoi erdiko zukua

Orea irin apur bat irinatutako gainazal batean luzatu eta 23 cm/9 pastel-ontzi bat hornitu harekin. Sardexka batekin zulatu guztia. Gurina edo margarina eta azukre hautsa irabiatu arina eta leuna izan arte. Irabiatu pixkanaka almendrak, arrautza gorringoak eta bainila esentzia. Nahasi irina. Irabiatu zuringoak gogortu arte eta gero nahasketara tolestu. Jarri koilara tarta ontzi batean eta labean labean jarri 190 °C/375 °F/gas mark 5 30 minutuz. Utzi hozten 5 minutuz. Nahastu glasa azukrea limoi zukuarekin eta zabaldu pastelaren gainean.

Jengibre tarta

23 cm/9 tarta bat egiten du

225 g/8 oz/2/3 kopa urrezko (arto argia) almibarretan

250 ml/8 fl oz/1 Kopako ur irakinetan

2,5 ml/½ koilarakada jengibre ehoa

60 ml/4 koilarakada fin-fin txikitutako jengibre kristalizatua (konfitatua).

30 ml / 2 tbsp arto-irina (arto-almidoia)

15 ml/1 koilarakada krema hauts

1 oinarrizko bizkotxo-zorroa

Jarri almibarretan, ura eta ehotutako jengibrea irakiten, gero kristalizatutako jengibrea nahastu. Nahastu arto-irina eta krema hautsa ur pixka batekin ore bat egiteko, ondoren jengibre nahasketara nahasi eta su motelean egosi minutu batzuetan, etengabe nahastuz. Jarri betegarria pastelaren oskolean (oskola) eta utzi hozten eta gogortzen.

Marmelada pastelak

12 egiten ditu

225 g/8oz pasta laburra

175 g / 6 oz / ½ Kopako fruta marmelada gogorra edo osoa (kontserbak)

Zabaldu orea (pasta) eta hornitu harekin koipeztaturiko ogi erretilu bat (erretilua). Zatitu marmelada opilen artean eta labean labean labea 200 °C/400 °F/gas mark 6 15 minutuz.

Pecan Pie

23 cm/9 tarta bat egiten du

225 g/8oz pasta laburra

50 g/2 oz/½ kopa pakanak

3 arrautza

225 g/8 oz/2/3 kopa urrezko (arto argia) almibarretan

75 g/3 oz/1/3 kopa azukre marroi biguna

2,5 ml/½ koilarakada bainila esentzia (estraktua)

Gatz pixka bat

Orea irin apur bat irinatutako gainazal batean luzatu eta harekin koipeztaturiko 23 cm/9 labeko xafla bat hornitu. Estali koipe iragazgaitza (argizaria) paperarekin, bete babarrunekin eta labe itsuan labea aurrez berotutako labean 190 °C/375 °F/gas mark 5 10 minutuz. Kendu papera eta babarrunak.

Antolatu pakanak eredu erakargarri batean pastelean (tarta). Irabiatu arrautzak arina eta leuna izan arte. Jarri almibarretan, ondoren azukrea, eta jarraitu irabiatzen azukrea disolbatu arte. Gehitu bainila esentzia eta gatza eta irabiatu leun arte. Bota nahasketa karkasan eta labean labean jarri 10 minutuz. Murriztu labearen tenperatura 180 °C/350 °F/gas mark 4ra eta labean beste 30 minutuz urrezko arte. Utzi hozten eta zerbitzatu aurretik.

Pecan eta Apple Pie

23 cm/9 tarta bat egiten du

2 arrautza

350 g/12 oz/1 ½ kopa azukre (oso fina).

50 g/2 oz/½ kopa arrunta (erabilera guztietarako) irina

10 ml/2 koilarakada gozogintza hautsa

Gatz pixka bat

100 g egosteko sagarra (tarta), zurituta, zurtoina eta zatituta

100 g/4 oz/1 kopa pakanak edo intxaurrak

150 ml/¼ pt/2/3 kopa esnegaina

Irabiatu arrautzak zurbil eta aparra arte. Nahastu pixkanaka gainerako osagai guztiak esnegaina izan ezik, zerrendatutako ordenan. Jarri koilaratxo koipeztatu eta estalitako 23 cm/9 tarta-ontzi batean eta labean labean labea 160°C/325°F/Gas 3-an 45 bat minutuz, ondo igo eta urreztatu arte. Kremarekin zerbitzatu.

Gainsborough Tarta

20 cm-ko diametroa duen pastel bat egiten du

25 g/1 oz/2 koilarakada gurina edo margarina

2,5 ml/½ koilarakada gozogintza hautsa

50 g/2oz/¼ Kopako azukre (oso fina).

100 g/4 oz/1 kopa koko lehortua (birrindua).

50 g/2 oz/¼ kopa glacé (konfitatuak) gerezi, txikituta

2 arrautza, irabiatuta

Gurina urtu, gainerako osagaiak nahastu eta koilaratxo batean koipeztatu eta forratuta dagoen 20 cm/8 cm-ko tarta-ontzi batean. Aurrez berotutako labean 180 °C/350 °F/gas mark 4-n labean 30 minutuz ukitu arte.

Limoi pastela

25 cm/10 tarta bat egiten du

225 g/8oz pasta laburra

100 g/4oz/½ Kopako gurina edo margarina

4 arrautza

Azala birrindua eta 2 limoiren zukua

100 g/4oz/½ Kopako azukre (oso fina).

250 ml/8 fl oz/1 Kopako krema bikoitza (astuna).

Apaintzeko menda hostoak

Orea irin apur bat irinatutako gainazalean luzatu eta 25 cm/10 tarta zartagin bat forratu harekin. Zulatu oinarria sardexka batekin. Estali paper koipetsua (argizaria) eta bete babarrunekin. Aurrez berotutako labean 200 °C/400 °F/gas mark 6an labean jarri 10 minutuz. Kendu papera eta babarrunak eta itzuli labera beste 5 minutuz, oinarria lehortu arte. Murriztu labearen tenperatura 160 °C/325 °F/gas marka 3ra.

Gurina edo margarina urtu eta minutu 1 hozten utzi. Irabiatu arrautzak limoi-azala eta zukuarekin. Irabiatu gurina, azukrea eta esnegaina. Opilaren oinarrira bota eta 20 minutuz labean tenperatura apalean. Utzi hozten, hoztu zerbitzatu aurretik, apaindu menda hostoekin.

Limoizko tartilak

12 egiten ditu

225 g/8 oz/1 Kopako gurina edo margarina, bigundua

75 g/3 oz/½ Kopako azukrea (gozotegikoa), bahetuta

175 g/6 oz/1½ edalontzi arrunta (erabilera guztietarako) irina

50 g/2 oz/½ kopa arto-irina (arto-almidoia)

5 ml/1 koilarakada limoi azala birrindua

Frosting egiteko:

30 ml/2 koilarakada limoi mamia

30 ml/2 koilarakada azukre hautsa (gozotegikoa), bahetuta

Nahastu pastelaren osagai guztiak bigun egon arte. Koilara poltsa batean sartu eta apaingarri moduan jarri paperezko 12 kaxatan ogi-molde batean (patty molde). Labean labean labean 180 °C/350 °F/gas mark 4-n 20 minutuz urre argia izan arte. Utzi pixka bat hozten, jarri koilarakada bat limoi mamia tarta bakoitzean eta hautsatu azukre glasarekin.

Laranja tarta

23 cm/9 tarta bat egiten du

1 oinarrizko bizkotxo-zorroa

400 ml/14 fl oz/1¾ kopa laranja zukua

150 g/5oz/2/3 kopa azukre (oso fina).

30 ml/2 koilarakada krema hautsa

15 g/½ oz/1 koilarakada gurina edo margarina

15 ml/1 koilarakada laranja azal birrindua

Laranja konfitatu xerra batzuk (aukerakoa)

Prestatu oinarrizko bizkotxoaren estalkia (oskola). Sukaldatzen ari zaren bitartean, nahastu 250 ml/8 fl oz/1 Kopako laranja zukua azukrea, krema hautsa eta gurina edo margarina. Nahasketa su motelean irakiten jarri eta astiro-astiro egosi zeharrargi eta lodi arte. Nahastu laranja azala. Karkaxa labetik atera bezain laster, bota geratzen den laranja zukutik koilarakada bat, gero laranja betegarria gehituko dugu karkabera eta utzi hozten eta gogortzen. Apaindu laranja xerra konfitatuekin dastatzeko.

Udare pastela

20 cm-ko diametroa duen pastel bat egiten du

1 Pâte Sucrée kantitate

Betetzeko:

150 ml/¼ pt/2/3 Kopako krema bikoitza (astuna).

2 arrautza

50 g/2oz/¼ Kopako azukre (oso fina).

5 udare

Frosting egiteko:

75 ml / 5 koilarakada gorrizko gelatina (lata argia)

30 ml/2 koilarakada ur

Limoi-zukuaren zukua

Pate sukrea bota eta 20 cm/8ko ontzi bat (zartagina) forratu. Estali koipe-iragazgaitza (argizaria) paperarekin eta bete babarrunekin eta labean labean labean 190 °C/375 °F/gas mark 5 12 minutuz. Kendu labetik, kendu papera eta babarrunak eta utzi hozten.

Betetzeko, nahastu esnegaina, arrautzak eta azukrea. Udareak zuritu, muina kendu eta erditik luzera moztu. Jarri udareak alde moztuta eta ia erditik xerra, baina utzi osorik. Antolatu tarta kaxa batean (maskorrak). Bota krema nahasketa eta labean berotutako labean 45 minutuz 190 °C/375 °F/gas markak 4, ezarri aurretik krema marroi egiten bada, estali paper koipetsuarekin (argizariarekin). Utzi hozten.

Frostinga egiteko, urtu gelatina, ura eta limoi zukua kazola txiki batean konbinatu arte. Zabaldu fruta gainean izoztea beroa dagoen bitartean, eta utzi ezartzen. Egun berean administratu.

Udare eta almendra tarta

20 cm-ko diametroa duen pastel bat egiten du

Pasterako (pasterako):

100 g/4 oz/1 Kopako irina arrunta (erabilera guztietarako).

50 g/2 oz/½ Kopako almendra ehoa

50 g/2oz/¼ Kopako azukre (oso fina).

75 g/3 oz/1/3 kopa gurina edo margarina, zatituta eta bigundua

1 arrautza gorringoa

Almendra esentzia tanta batzuk (estraktua)

Betetzeko:

1 arrautza gorringoa

50 g/2oz/¼ Kopako azukre (oso fina).

50 g/2 oz/½ Kopako almendra ehoa

30 ml/2 koilarakada udare-zaporeko likore edo beste likore batzuk dastatzeko

3 udare handi

Esnea egiteko:

3 arrautza

25 g/1oz/2 tbsp azukre (oso fina).

300 ml/½ pt/1¼ kopa bakarra (argia) krema

Orea egiteko, ontzi batean irina, almendrak eta azukrea nahastu eta erdian putzu bat egin. Gehitu gurina edo margarina, arrautza gorringoa eta bainila esentzia eta pixkanaka nahastu osagaiak ore malgua sortu arte. Itzulbiratu filma (plastikozko itzulbiratua) eta hozkailuan 45 minutuz. Biratu irinezko gainazalean eta koipeztatuta eta forratuta duen 20 cm/8 diametroko xafla bat forratu. Estali koipea iragazgaitza (argizaria) paperarekin eta bete babarrunekin eta labe itsuan labea aurrez berotutako labean 200 °C/400 °F/gas mark 6 15 minutuz. Kendu papera eta babarrunak.

Betegarria prestatzeko, irabiatu arrautza gorringoa eta azukrea. Nahastu almendrak eta likorea eta nahasketa koilaratxo sartu tarta-ontzira. Udareak zuritu, barren jarri eta erdira moztu, gero betearen gainean alde laua beherantz jarri.

Natilak egiteko, irabiatu arrautzak eta azukrea zurbil eta leun arte. Nahasi krema. Udareak natilarekin estali eta 180 °C/350 °F/gas mark 4-an labean labean jarri 15 bat minutuz krema ezarri arte.

Royal Raisin Pie

20 cm-ko diametroa duen pastel bat egiten du

Pasterako (pasterako):

100 g/4oz/½ Kopako gurina edo margarina

225 g/8 oz/2 edalontzi arrunta (erabilera guztietarako) irina

Gatz pixka bat

45 ml/3 koilarakada ur hotza

Betetzeko:

50 g/2oz/½ kopa tarta apurrak

175 g/6 oz/1 kopa mahaspasa

1 arrautza gorringoa

5 ml/1 koilarakada limoi azala birrindua

Frosting egiteko:

225 g/8 oz/11/3 cups azukre hautsa (gozotegiak), bahetuta

1 arrautza zuringoa

5 ml/1 koilarakada limoi zukua

Osatu:

45 ml/3 koilarakada gorrizko gelatina (lata argia)

Orea egiteko, igurtzi gurina edo margarina irina eta gatza nahasketa ogi birrindua izan arte. Nahikoa ur hotzarekin nahastu ore bat egiteko. Itzulbiratu film film batean (plastikozko papera) eta hozkailuan 30 minutuz.

Zabaldu orea eta hornitu harekin 20 cm/8 koadroko tarta-ontzi bat. Nahastu betetzeko osagaiak eta koilara oinarriaren gainean jarri, goialdea berdinduz. Frosting egiteko osagaiak nahastu eta tarta gainean zabaldu. Irabiatu gorritxoko gelatina leuna arte eta, ondoren, pastelaren goiko aldea saretarekin apaindu. Labean berotutako labean 190 °C/375 °F/gas mark 5-an 30 minutuz labean jarri, gero labearen tenperatura 180 °C/350 °F/gas mark 4-ra murriztu eta beste 10 minutuz labean jarri.

Tarta mahaspasekin eta krema garratzarekin

23 cm/9 tarta bat egiten du

225 g/8oz pasta laburra

30 ml/2 koilarakada irina arrunta (erabilera guztietarako).

2 arrautza, arinki irabiatuta

60 ml/4 koilarakada azukre (oso fina).

250 ml/8 fl oz/1 kopa garratza (esneki garratza) krema

225 g/8 oz/11/3 edalontzi mahaspasa

60 ml/4 koilarakada ron edo brandy

Banila esentzia tanta batzuk (estraktua)

Zabaldu orea (pasta) 5 mm/¼-ra irinatutako gainazal batean. Nahastu irina, arrautzak, azukrea eta esnegaina, ondoren mahaspasak, rona edo pattarra eta bainila esentzia nahastu. Jarri nahasketa tarta ontzi batean eta labean labean jarri 200 °C/400 °F/gas mark 6 20 minutuz. Murriztu labearen tenperatura 180°C/350°F/gas mark 4ra eta labean beste 5 minutuz ezarri arte.

Marrubi tarta

20 cm-ko diametroa duen pastel bat egiten du

1 Pâte Sucrée kantitate

Betetzeko:

5 arrautza gorringo

175 g/6oz/¾ Kopako azukre (oso fina).

75 g/3 oz/¾ kopa arto-irina (arto-almidoia)

1 bainila leka (babarrun)

450 ml/¾ pt/2 edalontzi esne

15 g/½ oz/1 koilarakada gurina edo margarina

550g/1¼lb marrubiak, erdibituak

Frosting egiteko:

75 ml / 5 koilarakada gorrizko gelatina (lata argia)

30 ml/2 koilarakada ur

Limoi-zukuaren zukua

Zabaldu orea (pasta) eta forratu 20 cm/8 batekin alboko molde batean (zartagin). Estali koipe-iragazgaitza (argizaria) paperarekin eta bete babarrunekin eta labean labean labean 190 °C/375 °F/gas mark 5 12 minutuz. Kendu labetik, kendu papera eta babarrunak eta utzi hozten.

Betegarria arrautza gorringoak eta azukrea irabiatuz egiten duzu nahasketa zurbil eta leuna izan arte eta irabiagailutik zintetara atera arte. Irabiatu arto-irina. Jarri bainila leka esnean eta jarri irakiten. Kendu bainila baba. Pixkanaka irabiatu arrautza nahasketara. Nahasketa zartagin garbi batera bota eta irakiten jarri, etengabe nahastuz, gero 3 minutuz egosi, etengabe nahastuz. Kendu sutik eta irabiatu gurina edo margarina urtu arte. Estali gurinarekin (argizaria) paperarekin eta utzi hozten.

Bota esnea gozogintzara (tarta-oskolak) eta era erakargarrian jarri marrubiak gainean. Frostinga egiteko, urtu gelatina, ura eta limoi zukua konbinatu arte. Zabaldu fruta gainean izoztea beroa dagoen bitartean, eta utzi ezartzen. Egun berean administratu.

Melaza pastela

20 cm-ko diametroa duen pastel bat egiten du

75 g/3 oz/1/3 kopa gurina edo margarina

175 g/6 oz/1½ edalontzi arrunta (erabilera guztietarako) irina

15 ml/1 koilarakada azukre (oso fina).

1 arrautza gorringoa

30 ml/2 koilarakada ur

225 g/8 oz/2/3 kopa urrezko (arto argia) almibarretan

50 g/2 oz/1 Kopako ogi birrindu freskoa

5 ml/1 koilarakada limoi zukua

Igurtzi gurina edo margarina irinarekin nahasketa ogi birrindua izan arte. Nahastu azukrea, gero gorringoa eta ura gehitu eta nahastu orea (pasta) osatuz. Itzulbiratu film film batean (plastikozko papera) eta hozkailuan 30 minutuz.

Zabaldu orea eta jarri 20 cm/8 zartagin batean. Berotu almibarretan, gero ogi birrinduarekin eta limoi zukuarekin nahastu. Jarri betegarria pastelera eta labean labean labean 180 °C/350 °F/gas mark 4tan 35 minutuz burbuila egin arte.

Intxaur eta melaza tarta

20 cm-ko diametroa duen pastel bat egiten du

225 g/8oz pasta laburra

100 g/4oz/½ Kopako gurina edo margarina, bigundua

50 g/2 oz/¼ kopa azukre marroi biguna

2 arrautza, irabiatuta

175 g/6 oz/½ kopa urrezko (arto argia) almibarretan, berotuta

100 g/4 oz/1 kopa intxaurrak, fin-fin txikituta

Limoi 1aren azala birrindua

Limoi erdiko zukua

Zabaldu orea eta forratu koipeztatuta 20 cm/8 cm-ko diametroa duen pastela. Estali koipe-iragazgaitza (argizaria) paperarekin eta bete babarrunekin eta labean labean labean 200 °C/400 °F/gas mark 6 10 minutuz. Kendu labetik eta kendu papera eta babarrunak. Murriztu labearen tenperatura 180 °C/350 °F/gas marka 4ra.

Irabiatu gurina edo margarina eta azukrea zurbil eta leun arte. Irabiatu pixkanaka arrautzak, gero almibarretan, intxaurrak, limoi-azala eta zukua. Jarri koilarakada tarta batean eta labean sartu 45 minutuz urrezko eta kurruskaria izan arte.

Amish Shoo-fly tarta

23 x 30 cm-ko tarta bat egiten du

225 g/8 oz/1 Kopako gurina edo margarina, bigundua

225 g/8 oz/2 edalontzi arrunta (erabilera guztietarako) irina

225 g/8 oz/2 edalontzi gari osoa (gari osoa) irina

450 g/1 lb/2 edalontzi azukre marroi biguna

350 g/12 oz/1 kopa beltzezko melaza (melaza)

10 ml/2 koilarakada bicarbonatoa (soda gozogintza)

450 ml/¾ pt/2 edalontzi ur irakinetan

Igurtzi gurina edo margarina irinarekin nahasketa ogi birrindua izan arte. Irabiatu azukrea. Erreserbatu 100 g/4oz/1 kopa nahasketa izoztea egiteko. Konbinatu melaza, soda gozogintza eta ura eta nahastu irina nahasketara osagai lehorrak sartu arte. Koilarakada koipeztatu eta irinatutako 23 x 30 cm/9 x 12 tarta-ontzi batean eta hautseztatu gordetako nahasketa. Aurrez berotutako labean 35 minutuz 180 °C/350 °F/gas mark 4an sartu, erdian sartutako pintxo bat garbi atera arte. Zerbitzatu epela.

Bostongo nat ebakia

23 cm/9 tarta bat egiten du

100 g/4oz/½ Kopako gurina edo margarina, bigundua

225 g/8oz/1 Kopako azukre (oso fina).

2 arrautza, arinki irabiatuta

2,5 ml/½ koilarakada bainila esentzia (estraktua)

175 g/6 oz/1½ edalontzi irina auto-goragarria

5 ml/1 koilarakada gozogintza hautsa

Gatz pixka bat

60 ml/4 koilarakada esne

Natila betegarria

Gurina edo margarina eta azukrea irabiatu arina eta leuna izan arte. Gehitu pixkanaka arrautzak eta bainila esentzia, gehitu bakoitzaren ondoren ondo irabiatuz. Nahastu irina, gozogintza hautsa eta gatza eta gehitu nahasketari esnearekin txandaka. Jarri koilarakada koipeztatu eta irineztatuta 23 cm-ko diametroa duen pastel-ontzi batean (labean) eta labean labean jarri 180°C/350°F/gas mark 4an 30 minutuz, ukipenean sendo egon arte. Hoztu ondoren, moztu pastela horizontalean eta jarri bi erdiak krema betearekin batera.

American White Mountain Cake

23 cm/9 tarta bat egiten du

225 g/8 oz/1 Kopako gurina edo margarina, bigundua

450 g/1lb/2 edalontzi azukre (oso fina).

3 arrautza, arinki irabiatuta

350 g/12 oz/3 edalontzi irina auto-goragarria

15 ml/1 koilarakada gozogintza hautsa

1,5 ml/¼ koilarakada gatza

250 ml/8 fl oz/1 kopa esne

5 ml/1 koilarakada bainila esentzia (estraktua)

5 ml/1 koilarakada almendra esentzia (estraktua)

Limoi betetzeko:

45 ml/3 koilarakada arto-irina (arto-almidoia)

75 g/3 oz/1/3 kopa azukre (oso fina).

1,5 ml/¼ koilarakada gatza

300 ml/½ puntu/1¼ kopa esne

25 g/1 oz/2 koilarakada gurina edo margarina

90 ml/6 koilarakada limoi zukua

5 ml/1 koilarakada limoi azala birrindua

Frosting egiteko:

350 g/12 oz/1 ½ kopa azukre (oso fina).

Gatz pixka bat

2 arrautza zuringoa

75 ml/5 koilarakada ur hotza

15 ml/1 koilarakada urrezko (arto argia) almibarretan

5 ml/1 koilarakada bainila esentzia (estraktua)

175 g/6 oz/1½ kopa koko lehortua (birrindua).

Gurina edo margarina eta azukrea irabiatu arina eta leuna izan arte. Irabiatu pixkanaka arrautzak. Nahastu irina, hautsa eta gatza eta gehitu esnearekin eta esentziarekin txandaka esnearekin. Jarri nahasketa koipeztatu eta forraturiko hiru 23 cm/9 tarta ontzitan eta labean labean labea 180°C/350°F/gas mark 4-an 30 minutuz, erdian sartutako pintxo bat garbi atera arte. Utzi hozten.

Betegarria egiteko, nahastu arto-irina, azukrea eta gatza, gero esnea nahasi arte. Gehitu gurina edo margarina pixka bat aldi berean eta irabiatu su motelean 2 minutu inguru loditu arte. Irabiatu limoi zukua eta azala. Utzi hozten eta hozten.

Prestatu gaina osagai guztiak nahastuz bainila esentzia eta kokoa izan ezik, bero-iragazgaitza den ontzi batean ur pixka bat irakiten duen zartagin baten gainean jarrita. Irabiatu 5 minutu inguru gogortu arte. Irabiatu bainila esentzia eta irabiatu beste 2 minutuz.

Tarta muntatzeko, zabaldu limoi betearen erdia oinarri-geruzaren gainean eta hautseztatu 25 g/1oz/¼ kopa kokoarekin. Errepikatu bigarren geruzarekin. Zabaldu glasea pastelaren gainean eta alboetan eta hautseztatu gainerako kokoarekin.

American Buttermilk Cake

23 cm/9 tarta bat egiten du

100 g/4oz/½ Kopako gurina edo margarina, bigundua

225 g/8oz/1 Kopako azukre (oso fina).

2 arrautza, arinki irabiatuta

5 ml/1 koilarakada limoi azala birrindua

5 ml/1 koilarakada bainila esentzia (estraktua)

225 g/8 oz/2 edalontzi irina auto-goragarria

5 ml/1 koilarakada gozogintza hautsa

5 ml/1 koilaratxo gozogintza soda (soda gozogintza)

Gatz pixka bat

250 ml/8 fl oz/1 kopa gurin-esne

Limoi betegarria

Gurina edo margarina eta azukrea irabiatu arina eta leuna izan arte. Pixkanaka-pixkanaka arrautzak irabiatu, gero limoi-azala eta bainila esentzia nahasi. Nahastu irina, gozogintza hautsa, bicarbonatoa eta gatza eta gehitu nahasketari txandaka gurin-esnearekin. Irabiatu ondo leuna arte. Nahasketa koipeztatu eta irinatutako 23 cm/9 tarta-ontzitan bota eta labean labean jarri labean 180°C/350°F/gas mark 4tan 25 minutuz, ukipenean sendo egon arte. Utzi hozten latetan 5 minutuz alanbre-euskarri batera itzuli aurretik, hozten amaitzeko. Hoztu ondoren, ogitartekoa limoi betearekin batera.

Karibeko jengibre eta ron tarta

20 cm/8 tarta bat egiten du

50 g/2 oz/¼ kopa gurina edo margarina

120 ml/4 fl oz/½ kopa beltzezko melaza (melaza)

1 arrautza, arinki irabiatua

60 ml/4 koilarakada ron

100 g/4 oz/1 kopa auto-goragarria (auto-goragarria) irina

10 ml/2 koilarakada jengibre ehoa

75 g/3 oz/1/3 kopa azukre marroi biguna

25 g/1 oz jengibre kristalizatua (konfitatua), txikituta

Urtu gurina edo margarina melazarekin su motelean eta utzi pixka bat hozten. Nahastu gainerako osagaiak ore leun bat egiteko. Koilara bat koipeztatu eta estalitako 20 cm/8 lata borobil batean sartu (labean) eta labean labea 200°C/400°F/gas mark 6an labean jarri 20 minutuz, ondo igo eta ukipenerako sendo arte.

Sachertorte

20 cm/8 tarta bat egiten du

200 g/7 oz/1¾ kopa txokolate leuna (erdi gozoa).

8 arrautza, bereizita

100 g/4oz/½ Kopako gatzik gabeko (gozoa) gurina, urtua

2 arrautza zuringoa

Gatz pixka bat

150 g (5 oz) 2/3 kopa azukre (oso fina).

Banila esentzia tanta batzuk (estraktua)

100 g/4 oz/1 Kopako irina arrunta (erabilera guztietarako).

Frosting egiteko (frosting):

150 g/5 oz/1 ¼ kopa txokolate leuna (erdi gozoa).

250 ml/8 fl oz/1 Kopako krema bakarra (argia).

175 g/6oz/¾ Kopako azukre (oso fina).

Banila esentzia tanta batzuk (estraktua)

1 arrautza, irabiatua

100 g/4 oz/1/3 kopa abrikot marmelada (kontserba), iragazi (iragazita)

Urtu txokolatea bero-erresistentea den ontzi batean, leunki egosten den ur zartagin baten gainean. Kendu sutik. Sueztitu arrautza gorringoak gurinarekin eta gero txokolate urtuarekin nahastu. Irabiatu zuringoak eta gatza gogortu arte, gero pixkanaka gehitu azukrea eta bainila esentzia eta jarraitu irabiatzen nahasketa zurrundu arte. Pixkanaka-pixkanaka txokolate nahasketa irabiatu eta gero irina. Jarri nahasketa koipeztatu eta forraturiko 20 cm/8 tarta ontzitan (labean) eta labean labean jarri 180°C/350°F/gas mark 4-an 45 minutuz, erdian sartutako pintxo bat garbi atera arte. Jarri alanbrezko parrilla batera eta utzi hozten.

Frostinga egiteko, urtu txokolatea esnegainarekin, azukrea eta bainila esentziarekin su ertainean ondo konbinatu arte, eta gero 5 minutuz sukaldatu gabe egosi. Txokolate-nahasketa koilarakada batzuk arrautzarekin nahastu, gero txokolatearekin nahastu eta minutu 1ez egosi, etengabe nahastuz. Kendu sutik eta utzi hozten giro-tenperaturara.

Estali pastelak abrikot marmeladaz. Estali tarta osoa txokolatezko glazearekin, leundu gainazala paleta edo espatula batekin. Utzi hozten, gero hozkailuan hainbat orduz izoztea ezarri arte.

Karibeko Ron Fruta Tarta

20 cm/8 tarta bat egiten du

450 g/1lb/22/3 edalontzi fruta nahasi lehorrak (fruta tarta nahasketa)

225 g/8 oz/11/3 edalontzi sultanak (urrezko mahaspasak)

100 g/4 oz/2/3 kopa mahaspasa

100 g/4 oz/2/3 kopa currants

50 g/2 oz/¼ kopa glacé (konfitatuak) gerezi

300 ml/½ pt/1¼ kopa ardo beltza

225 g/8 oz/1 Kopako gurina edo margarina, bigundua

225 g/8 oz/1 Kopako azukre marroi biguna

5 arrautza, arinki irabiatuta

10 ml/2 koilarakada beltza melaza (melaza)

225 g/8 oz/2 edalontzi arrunta (erabilera guztietarako) irina

50 g/2 oz/½ Kopako almendra ehoa

5 ml/1 koilarakada kanela ehoa

5 ml/1 koilarakada intxaur muskatu birrindua

5 ml/1 koilarakada bainila esentzia (estraktua)

300 ml/½ puntu/1¼ kopa ron

Jarri fruta eta ardo guztia kazola batean eta jarri irakiten. Sua txikiagora jaitsi, estali eta utzi 15 minutuz, gero sutik kendu eta hozten utzi. Gurina edo margarina eta azukrea irabiatu arina eta leuna izan arte, gero pixkanaka arrautzak eta melaza almibarretan nahastu. Nahastu osagai lehorrak. Nahastu fruta nahasketa, bainila esentzia eta 45 ml/3 koilarakada ron. Koilarakada koipeztatuta eta forratuta dagoen 20 cm/8 cm-ko tarta-ontzi batean sartu eta labea aurrez berotuta 160°C/325°F/gas 3-an labea 3 orduz, ondo igo eta erdian sartutako pintxo bat garbi atera arte. . Utzi zartaginean 10 minutuz hozten, eta, ondoren, birrindu erretilu batera hozten amaitzeko. Opilaren gaina pintxo fin batekin zulatu eta gainerako ronaren gainean bota. Itzulbiratu paperean eta utzi ontzen ahalik eta denbora gehien.

Danimarkako gurin pastela

23 cm/9 tarta bat egiten du

225 g/8 oz/1 Kopako gurina edo margarina, kuboetan moztuta

175 g/6 oz/1½ edalontzi arrunta (erabilera guztietarako) irina

40 g/1½ oz legamia freskoa edo 60 ml/4 koilarakada legamia lehorra

15 ml/1 koilarakada azukre granulatua

1 arrautza, irabiatua

½ Danimarkako esnea betegarri

60 ml/4 koilarakada azukre hautsa (gozotegikoa), bahetuta

45 ml/3 koilarakada currants

Igurtzi 100 g gurina edo margarina irinarekin. Irabiatu legamia eta azukrea, gehitu irina eta gurina arrautzarekin eta nahastu ore leun batean. Estali eta utzi leku epel batean gora egiten ordu 1 inguru, tamaina bikoiztu arte.

Biratu irinazko gainazal batera eta ondo oratu. Orearen herena luzatu eta koipeztatuta dagoen 23 cm/9 tarta-ontzi baten hondoa hondo soltearekin forratu. Zabaldu esnea betegarria orean.

Biratu gainerako orea ¼/5 mm inguruko lodiera laukizuzen batean. Igurtzi gainerako gurina edo margarina eta glasezko azukrea krema eta, ondoren, nahastu currants. Zabaldu orean, ertzetan hutsune bat utziz, ondoren orea alde laburretik bota. Ebaki xerratan eta jarri krema betegarriaren gainean. Estali eta utzi leku epel batean gora egiten ordu 1 inguru. Aurrez berotutako labean 230 °C/450 °F/gas mark 8an labean jarri 25-30 minutuz ondo igo eta gainean urre koloreko arte.

Danimarkako kardamomo tarta

900 g/2 lb tarta bat egiten du

225 g/8 oz/1 Kopako gurina edo margarina, bigundua

225 g/8oz/1 Kopako azukre (oso fina).

3 arrautza

350 g/12 oz/3 edalontzi irina arrunta (erabilera guztietarako).

10 ml/2 koilarakada gozogintza hautsa

10 kardamomo haziak, lurzoruan

150 ml/¼ pt/2/3 kopa esne

45 ml/3 koilarakada mahaspasa

45 ml/3 koilarakada zuritu nahasi (konfitatu) txikituta

Gurina edo margarina eta azukrea irabiatu arina eta leuna izan arte. Gehitu arrautzak, pixkanaka, gehitu ondoren ondo irabiatuz. Nahastu irina, gozogintza hautsa eta kardamomoa. Pixkanaka-pixkanaka nahastu esnea, mahaspasak eta azal nahastua. Jarri koilaratxo koipeztatu eta forratuta 900 g (2 lb) ogi-ontzi batean eta labean labean labea 190 °C/375 °F/gas mark 5ean 50 minutuz, erdian sartutako pintxo bat garbi atera arte.

Gâteau Pithiviers

25 cm/10 tarta bat egiten du

100 g/4oz/½ Kopako gurina edo margarina, bigundua

100 g/4oz/½ Kopako azukre (oso fina).

1 arrautza

1 arrautza gorringoa

100 g/4 oz/1 kopa almendra ehoa

30 ml / 2 koilarakada ron

400g/14oz hostore

Frosting egiteko:

1 arrautza, irabiatua

30 ml/2 koilarakada azukre hautsa (gozotegia).

Gurina edo margarina eta azukrea irabiatu arina eta leuna izan arte. Irabiatu arrautza eta gorringoa, ondoren almendra eta rona irabiatu. Orearen erdia irinatutako gainazalean bota eta 23 cm/9 zirkulu batean moztu. Jarri hezetutako gailetaren gainean eta zabaldu betegarria orearen gainean ertzetik 1 cm/½ hazbeteraino. Gelditu gainerako orea eta moztu 25 cm/10-ko diametroa duen zirkulu batean. Ebaki 1 cm/½ eraztun zirkulu honen ertzetik. Opil-oinarriaren ertza urez garbitu eta eraztuna sakatu ertzaren inguruan, leunki sakatuz egokitzeko. Eskuila urarekin eta sakatu bigarren zirkulua goiko gainean, ertzak zigilatu. Zigilatu eta markatu ertzak. Ornitu goiko arrautza irabiatuarekin, eta trazatu ebaki erradialen eredu bat labana baten xaflarekin. Labean labean labean 220 °C/425 °F/gas mark 7-n 30 minutuz igo eta urreztatu arte. Hauts azukrea gainetik eta itzuli labean beste 5 minutuz distiratsua izan arte. Zerbitzatu epela edo hotza.

Galette des Rois

18 cm/7 tarta bat egiten du

250 g/9oz/2¼ edalontzi arrunta (erabilera guztietarako) irina

5 ml/1 koilarakada gatza

200 g/7oz/gutxiago 1 Kopako gatzik gabeko (gozoa) gurina, zatituta

175 ml/6 fl oz/¾ kopa ur

1 arrautza

1 arrautza zuringoa

Ontzi batean irina eta gatza jarri eta erdian putzu bat egin. Gehitu 75 g gurina, ura eta arrautza osoa eta nahastu ore leun batera. Estali eta utzi 30 minutuz.

Orea irinezko gainazal batean luzatu laukizuzen luze batean. Zabaldu orearen bi heren geratzen den gurinaren herenarekin. Tolestu estali gabeko orea gurinaren gainean, gero tolestu gainerako orea. Ertzak itxi eta hozten utzi 10 minutuz. Zabaldu berriro orea eta errepikatu gainerako gurinaren erdiarekin. Hoztu, bota eta gehitu gainerako gurina, gero hoztu azken 10 minutuz.

Biratu orea 2,5 cm/1 lodiko zirkulu batean 18 cm/7 inguruko diametroa duena. Jarri koipeztatutako erretilu batean, arrautza zuringoarekin ornitu eta 15 minutuz utzi. Labean labean labean 180 °C/350 °F/gas mark 4-n 15 minutuz ondo igo eta urreztatu arte.

Krema karamelua

15 cm/6in pastel bat egiten du

Karamelurako:

100 g/4oz/½ Kopako azukre (oso fina).

150 ml/¼ pt/2/3 kopa ur

Esnea egiteko:

600 ml/1 pt/2 ½ kopa esne

4 arrautza, arinki irabiatuta

15 ml/1 koilarakada azukre (oso fina).

1 laranja

Karamelua egiteko, jarri azukrea eta ura kazola txiki batean eta su eztian disolbatu. Ekarri irakiten, gero 10 bat minutuz nahasi gabe egosi, almibarretan urrezko marroi sakona izan arte. Bota 15 cm/6 soufflé-ontzi batera eta okertu platera karamelua hondotik behera joan dadin.

Esnea egiteko, berotu esnea, bota arrautza eta azukrea eta ondo irabiatu. Bota ontzi batera. Jarri ontzia labeko zartagin batean (zartagin) ur beroarekin ontziaren alboetatik erdira. Labean labean labean 170 °C/325 °F/gas mark 3-an ordubetez ezarri arte. Utzi hozten plater batera itzuli aurretik. Zuritu eta zatitu laranja horizontalean, gero xerra bakoitza erditik. Apaindu karameluaren inguruan.

Gugelhopf

20 cm/8 tarta bat egiten du

25 g/1 oz legamia freskoa edo 40 ml/2 ½ koilarakada legamia lehorra

120 ml/4 fl oz/½ kopa esne epela

100 g/4 oz/2/3 kopa mahaspasa

15 ml/1 koilarakada ron

450 g/1 lb/4 cups irina arrunta (ogia).

5 ml/1 koilarakada gatza

Intxaur muskatu birrindu pixka bat

100 g/4oz/½ Kopako azukre (oso fina).

Limoi 1aren azala birrindua

175 g/6 oz/¾ kopa gurina edo margarina, bigundua

3 arrautza

100 g/4 oz/1 kopa almendra zuritu

Igurtzi (gozotegiak) azukrea hautseztatzeko

Nahastu legamia esne epel pixka batekin eta utzi 20 minutuz leku epel batean aparra izan arte. Jarri mahaspasak ontzi batean, bota ronarekin eta utzi beratzen. Jarri irina, gatza eta intxaur muskatua ontzi batean eta nahasi azukrea eta limoi-azala. Erdian putzu bat egin, legamia, geratzen den esnea, gurina edo margarina eta arrautzak bota eta batera landu orea. Jarri olioztaturiko ontzi batean, olioztatutako filmarekin estali (plastikozko paperarekin) eta utzi leku epel batean ordubetez tamaina bikoiztu arte. Gurina eskuzabala 20 cm/8 gugelhopf bat (hodi zartagina) eta jarri almendrak oinarriaren inguruan. Nahastu mahaspasak eta rona igotako orean eta ondo nahastu. Nahasketa latan sartu, estali eta leku epel batean utzi 40 minutuz, orea ia tamaina bikoiztu eta lataren goiko aldera iritsi arte. Aurrez berotutako labean 200

°C/400 °F/gas mark 6an labean jarri 45 minutuz, erdian sartutako pintxo bat garbi atera arte. Tarta gorriegia bada, estali koipe-iragazgaitza (argizaria) paper geruza bikoitz batekin labearen amaieran. Itzuli eta hozten utzi, gero azukre glasarekin hautsatu.

Gugelhopf luxuzko txokolatea

20 cm/8 tarta bat egiten du

25 g/1 oz legamia freskoa edo 40 ml/2 ½ koilarakada legamia lehorra

120 ml/4 fl oz/½ kopa esne epela

50 g/2 oz/1/3 kopa mahaspasa

50 g/2 oz/1/3 kopa currants

25 g/1 oz/3 koilarakada txikitutako azal nahasi (konfitatua).

15 ml/1 koilarakada ron

450 g/1 lb/4 cups irina arrunta (ogia).

5 ml/1 koilarakada gatza

5 ml/1 koilarakada beheko pizeria

Ehotutako jengibre pixka bat

100 g/4oz/½ Kopako azukre (oso fina).

Limoi 1aren azala birrindua

175 g/6 oz/¾ kopa gurina edo margarina, bigundua

3 arrautza

Frosting egiteko:

60 ml/4 koilarakada abrikot marmelada (kontserba), iragazi (iragazita)

30 ml/2 koilarakada ur

100 g/4 oz/1 kopa txokolate leuna (erdi gozoa).

50 g/2 oz/½ Kopako almendra xerratuta (xerratak), erreak

Nahastu legamia esne epel pixka batekin eta utzi 20 minutuz leku epel batean aparra izan arte. Jarri mahaspasak, grosellak eta nahastutako azala katilu batean, bota ronarekin eta utzi beratzen. Jarri irina, gatza eta espeziak ontzi batean eta irabiatu azukrea eta limoi-azala. Egin zulo bat erdian, bota legamia, geratzen den esnea eta arrautzak eta elkarrekin lan egin ore bat osatuz. Jarri olioztaturiko ontzi batean, olioztatutako filmarekin estali (plastikozko paperarekin) eta utzi leku epel batean ordubetez tamaina bikoiztu arte. Nahastu fruta eta rona igotako orean eta ondo nahastu. Jarri nahasketa ondo koipeztatuta dagoen 20 cm/8 gugelhopf lata batean, estali eta leku epel batean utzi 40 minutuz, orea ia tamaina bikoiztu eta ontziaren goialdera iritsi arte. Egosi aldez aurretik berotutako labean 200 °C/400 °F/gas mark 6 45 minutuz, erdigunean sartutako pintxo bat garbi atera arte. Tarta gehiegi gorritzen bada, estali koipe-iragazgaitza (argizaria) paper geruza bikoitz batekin labearen amaieran. Atera eta hozten utzi.

Berotu marmelada urarekin eta irabiatu ondo konbinatu arte. Eskuila pastela. Urtu txokolatea bero-erresistentea den ontzi batean, leunki egosten den ur zartagin baten gainean. Tarta gainean zabaldu eta almendra malutak oinarriaren inguruan sakatu txokolatea gogortu arte.

Lapurtua

350 g-ko hiru pastel egiten ditu

15 g/½ oz legamia freskoa edo 20 ml/4 koilarakada legamia lehorra

15 ml/1 koilarakada azukre (oso fina).

120 ml/4 fl oz/½ kopa ur epela

25 g/1 oz/¼ Kopako irina arrunta (ogia).

Fruta orerako:

450 g/1 lb/4 cups irina arrunta (ogia).

5 ml/1 koilarakada gatza

75 g/3 oz/1/3 kopa demerara azukre

1 arrautza, arinki irabiatua

225 g/8 oz/11/3 edalontzi mahaspasa

30 ml / 2 koilarakada ron

50 g/2 oz/1/3 kopa zuritu nahasi (konfitatua).

50 g/2 oz/½ Kopako almendra ehoa

5 ml/1 koilarakada kanela ehoa

100 g/4oz/½ Kopako gurina edo margarina, urtua

175g/6oz almendra-pasta

Frosting egiteko:

1 arrautza, arinki irabiatua

75 g/3 oz/1/3 kopa azukre (oso fina).

90 ml/6 koilarakada ur

50 g/2 oz/½ kopa almendra xerratuta (xerratuta).

Igurtzi (gozotegiak) azukrea hautseztatzeko

Legamia nahasketa egiteko, nahastu legamia eta azukrea ore batean ur epelarekin eta irinarekin. Utzi leku epel batean 20 minutuz aparra arte.

Fruta-orea egiteko, jarri irina eta gatza ontzi batean, azukrea nahasi eta erdian putzu bat egin. Gehitu arrautzak pasta nahasketarekin eta nahastu ore leun batera. Gehitu mahaspasak, rona, nahastutako azala, almendra ehoa eta kanela eta oratu ondo konbinatu eta leun arte. Jarri olioztaturiko ontzi batean, estali olioztatutako filmarekin (plastikozko paperarekin) eta utzi leku epel batean 30 minutuz.

Zatitu orea herenetan eta zabaldu 1 cm/½ lodiera duten laukizuzenetan. Ornitu goiko gurinarekin. Zatitu almendra-pasta herenetan eta birrindu txistorra formatan. Jarri bat laukizuzen bakoitzaren erdian eta tolestu orea gainean. Biratu jostura azpian eta jarri koipeztatutako gozogintzako (azukrea) erretilu batean. Ornitu arrautza, oliozko filmarekin estali (plastikozko paperarekin) eta utzi leku epel batean 40 minutuz tamaina bikoiztu arte.

Aurrez berotutako labean 220 °C/425 °F/gas mark 7-n labean jarri 30 minutuz urrezko marroi arte.

Bitartean, egosi azukrea eta ura 3 minutuz almibarretan lodi bat lortu arte. Estola bakoitzaren gaina almibarretan garbitu eta almendra malutekin eta azukre hautsez hautseztatu.

Almendra Stollen

450 g/1lb bi ogi egiten ditu

15 g/½ oz legamia freskoa edo 20 ml/4 koilarakada legamia lehorra

50 g/2oz/¼ Kopako azukre (oso fina).

300 ml/½ puntu/1¼ Kopako esne epela

1 arrautza

Limoi 1aren azala birrindua

Intxaur muskatu birrindu pixka bat

450 g/1 lb/4 cups irina arrunta (erabilera guztietarako).

Gatz pixka bat

100 g/4 oz/2/3 kopa zuritu nahasi (konfitatua).

175 g/6 oz/1½ kopa almendra, txikituta

50 g/2 oz/¼ Kopako gurina edo margarina, urtua

75 g/3 oz/½ Kopako azukrea (gozotegiak), bahetuta, hautseztatzeko

Nahastu legamia 5 ml/1 koilaratxo azukre eta esne epel pixka batekin eta utzi leku epel batean gora egiten 20 minutuz aparra izan arte. Irabiatu arrautzak gainerako azukrearekin, limoi-azala eta intxaur muskatuarekin, ondoren legamia irina, gatza eta gainerako esne epelarekin irabiatu eta ore leun batean nahastu. Jarri olioztaturiko ontzi batean, estali olioztatutako filmarekin (plastikozko paperarekin) eta utzi leku epel batean 30 minutuz.

Nahasi nahastutako zestoa eta almendrak, estali berriro eta utzi leku epel batean 30 minutuz tamaina bikoiztu arte.

Zatitu orea erditik. Biratu erdi bat 30 cm/12 diametroko txistorra formara. Sakatu arrabola erdian tolestura bat sortzeko, gero tolestu alde bat luzera eta sakatu astiro-astiro. Errepikatu beste erdiarekin. Jarri biak koipeztatuta eta forratutako gaileta xafla batean, estali olioztatutako janari filmarekin (plastikozko paperarekin) eta utzi leku epel batean 25 minutuz, tamaina bikoiztu arte. Aurrez berotutako labean 200 °C/400 °F/gas mark 6an labean jarri ordubetez, urreztatu eta erdian sartutako pintxo bat garbi atera arte. Ogi epelak garbitu gurina urtuarekin eta hautseztatu azukre hautsa.

Pistatxoa Stollen

450 g/1lb bi ogi egiten ditu

15 g/½ oz legamia freskoa edo 20 ml/4 koilarakada legamia lehorra

50 g/2oz/¼ Kopako azukre (oso fina).

300 ml/½ puntu/1¼ Kopako esne epela

1 arrautza

Limoi 1aren azala birrindua

Intxaur muskatu birrindu pixka bat

450 g/1 lb/4 cups irina arrunta (erabilera guztietarako).

Gatz pixka bat

100 g/4 oz/2/3 kopa zuritu nahasi (konfitatua).

100 g/4 oz/1 kopa pistatxo, txikituta

100g/4oz almendra-pasta

15 ml/1 koilarakada maraschino likore

50 g/2 oz/1/3 Kopako azukre hautsa (gozotegia), bahetuta

Frosting egiteko:
50 g/2 oz/¼ Kopako gurina edo margarina, urtua

75 g/3 oz/½ Kopako azukrea (gozotegiak), bahetuta, hautseztatzeko

Nahastu legamia 5 ml/1 koilaratxo azukre eta esne epel pixka batekin eta utzi leku epel batean gora egiten 20 minutuz aparra izan arte. Irabiatu arrautzak gainerako azukrearekin, limoi-azala eta intxaur muskatuarekin, ondoren legamia irina, gatza eta gainerako esne epelarekin irabiatu eta ore leun batean nahastu. Jarri olioztaturiko ontzi batean, estali olioztatutako filmarekin (plastikozko paperarekin) eta utzi leku epel batean 30 minutuz.

Nahasi nahastutako zestoa eta pistatxoak, estali berriro eta leku epel batean utzi 30 minutuz tamaina bikoiztu arte. Prozesatu almendra-pasta, likorea eta glas-azukrea ore batean, zabaldu 1 cm/½ lodiera eta moztu dadotan. Landu orean kuboak osorik gera daitezen.

Zatitu orea erditik. Biratu erdi bat 30 cm/12 diametroko txistorra formara. Sakatu arrabola erdian tolestura bat sortzeko, gero tolestu alde bat luzera eta sakatu astiro-astiro. Errepikatu beste erdiarekin. Jarri biak koipeztatuta eta forratutako gaileta xafla batean, estali olioztatutako janari filmarekin (plastikozko paperarekin) eta utzi leku epel batean 25 minutuz, tamaina bikoiztu arte. Aurrez berotutako labean 200 °C/400 °F/gas mark 6an labean jarri ordubetez, urreztatu eta erdian sartutako pintxo bat garbi atera arte. Ornitu ogi epelak gurin urtuarekin eta hautsa azukre hautsarekin.

Baklava

24 egiten ari da

450 g/1lb/2 edalontzi azukre (oso fina).

300 ml/½ pt/1¼ Kopako ur

5 ml/1 koilarakada limoi zukua

30 ml/2 koilarakada arrosa-ura

350 g/12oz/1½ edalontzi gatzik gabeko (gozoa) gurina, urtua

450 g/1lb filo pastela (pasta)

675 g/1½ lb/6 cups almendra, fin-fin txikituta

Almibarretan prestatzen duzu azukrea uretan su motelean disolbatuz, noizean behin irabiatuz. Gehitu limoi zukua eta irakiten jarri. Egosi 10 minutuz almibarretan egon arte, gero arrosa ura gehitu eta hozten utzi, gero hozkailuan.

Koipeztatu labeko ontzi handi bat gurina urtuarekin. Jarri filo orrien erdia latan eta ornitu bakoitza gurinaz. Tolestu ertzak betegarria eusteko. Zabaldu almendra gainean. Jarraitu gainerako orea geruzatzen, orri bakoitza gurina urtuarekin eskuilatuz. Zabaldu gaina eskuzabal gurinarekin. Moztu orea 5 cm/2 zabaleko pastilla formatan. Labean labean labean 180 °C/350 °F/gas mark 4-n 25 minutuz kurruskaria eta urreztatu arte. Gainetik bota hoztutako almibarra eta utzi hozten.

Hungariar fedea Stressel

16 urte beteko ditu

25 g/1 oz legamia freskoa edo 40 ml/2 ½ koilarakada legamia lehorra

15 ml/1 koilarakada azukre marroi biguna

300 ml/½ puntu/1¼ Kopako ur epela

15 ml/1 koilarakada gurina edo margarina

450 g/1 lb/4 edalontzi gari osoa (gari osoa) irina

15 ml/1 koilarakada esne-hautsa (esne-hauts koipegabea)

5 ml/1 koilarakada lurzoruaren nahasketa (sagar) espezia

2,5 ml/½ koilarakada gatza

1 arrautza

175 g/6 oz/1 Kopako grosella

100 g/4 oz/2/3 kopa sultana (urrezko mahaspasak)

50 g/2 oz/1/3 kopa mahaspasa

50 g/2 oz/1/3 kopa zuritu nahasi (konfitatua).

Frosting egiteko:
75 g/3 oz/¾ kopa gari osoa (gari osoa) irina

50 g/2 oz/¼ Kopako gurina edo margarina, urtua

75 g/3 oz/1/3 kopa azukre marroi biguna

25 g/1 oz/¼ kopa sesamo haziak

Betetzeko:

50 g/2 oz/¼ kopa azukre marroi biguna

50 g/2 oz/¼ Kopako gurina edo margarina, bigundua

50 g/2 oz/½ Kopako almendra ehoa

2,5 ml/½ koilarakada intxaur muskatu birrindua

25 g/2 oz/1/3 kopa zulo-zulo (zulo) inauska, txikituta

1 arrautza, irabiatua

Nahastu legamia eta azukrea ur epel pixka batekin eta utzi 10 minutuz leku epel batean aparra sortu arte. Igurtzi gurina edo margarina irina, gero esne hautsa, espeziak eta gatza nahastu eta erdian putzu bat egin. Nahastu arrautzak, legamia eta gainerako ur epela eta nahastu orea. Oratu leuna eta elastikoa arte. Nahastu currants, sultanak, mahaspasak eta nahastutako azala. Jarri olioztaturiko ontzi batean, estali olioztatutako filmarekin (plastikozko paperarekin) eta utzi leku epel batean ordubetez.

Frosting osagaiak nahastu nahastu arte. Betegarria egiteko, nahastu gurina edo margarina eta azukrea, gero almendra eta intxaur muskatua nahastu. Biratu orea laukizuzen handi batean 1 cm/½ lodiera. Zabaldu betegarria eta hautseztatu prunez. Suitzako (gelatina) erroilua bezala bildu eta ertzak arrautzarekin garbitu zigilatzeko. Moztu 2,5 cm/1 xerratan eta jarri koipeztatu gabeko ontzi batean (labean). Ornitu arrautzarekin eta ornitu glaze nahasketarekin. Estali eta utzi hazten leku epel batean 30 minutuz. Aurrez berotutako labean labean jarri 220 °C/425 °F/gas mark 7 30 minutuz.

Panfort

23 cm/9 tarta bat egiten du

175 g/6 oz/¾ kopa azukre granulatua

175 g/6 oz/½ kopa ezti arrunta

100 g/4 oz/2/3 kopa piku lehorrak, txikituta

100 g/4 oz/2/3 kopa zuritu nahasi (konfitatua).

50 g/2 oz/¼ kopa glacé gereziak (konfitatuak), txikituta

50 g/2 oz/¼ kopa glacé (konfitatua) anana, txikituta

175 g/6oz/1½ kopa almendra zurituak, gutxi gorabehera txikituta

100 g/4 oz/1 kopa intxaurrak, txikituta

100 g/4 oz/1 kopa hur, gutxi gorabehera txikituta

50 g/2 oz/½ kopa arrunta (erabilera guztietarako) irina

25 g / 1 oz / ¼ Kopako kakao (txokolate gozoa) hautsa

5 ml/1 koilarakada kanela ehoa

Intxaur muskatu birrindu pixka bat

15 ml/1 koilarakada azukre hautsa (gozotegikoa), bahetuta

Desegin azukre granulatua eztian zartagin batean su motelean. Irakiten jarri eta egosi 2 minutuz almibarretan lodi bat lortu arte. Fruta eta fruitu lehorrak nahastu eta irina, kakaoa eta espeziak nahastu. Nahasi almibarretan. Jarri nahasketa arroz-paperez estalitako 23 cm/9 ogitarteko ontzi batean koipeztatuta. Aurrez berotutako labean labean jarri 180 °C/350 °F/gas mark 4 45 minutuz. Utzi zartaginean hozten 15 minutuz, eta, ondoren, birrindu erretilu batera hozten. Zerbitzatu aurretik azukre hautsez hautseztatu.

Pasta tarta zintarekin

23 cm/9 tarta bat egiten du

300 g/11oz/2¾ kopa irina arrunta (erabilera guztietarako).

50 g/2 oz/¼ Kopako gurina edo margarina, urtua

3 arrautza, irabiatuta

Gatz pixka bat

225 g/8 oz/2 edalontzi almendra, txikituta

200 g / 7oz / 1 Kopako azukre (oso fina) falta da

Azala birrindua eta 1 limoiaren zukua

90 ml/6 koilarakada kirsch

Jarri irina ontzian eta egin putzu bat erdian. Nahastu gurina, arrautzak eta gatza eta nahastu ore leun batean. Biratu mehean eta moztu zerrenda estuetan. Nahastu almendrak, azukrea eta limoi-azala. Koipeztatu eta irinatu 23 cm/9 tarta-ontzi bat. Jarri pasta zintaren geruza bat lataren hondoan, hautseztatu almendra nahasketa eta kirsch pixka batekin. Jarraitu geruzak eta amaitu pasta geruza batekin. Estali gurinezko paperarekin (argizariarekin) eta labean labean 180 °C/350 °F/gas mark 4 ordubetez. Kontu handiz atera eta zerbitzatu epela edo hotza.

Italiako arroz pastela Grand Marnierrekin

20 cm/8 tarta bat egiten du

1,5 litro/2 ½ puntu/6 kopa esne

Gatz pixka bat

350 g/12 oz/1½ kopa arborioa edo beste ale ertaineko arroz

Limoi 1aren azala birrindua

60 ml/4 koilarakada azukre (oso fina).

3 arrautza

25 g/1 oz/2 koilarakada gurina edo margarina

1 arrautza gorringoa

30 ml/2 koilarakada zuritu nahasi (konfitatu) txikituta

225 g/8 oz/2 edalontzi almendra xehatuak, erreak

45 ml/3 koilarakada Grand Marnier

30 ml/2 koilarakada ogi birrindu lehorra

Jarri esnea eta gatza irakiten zartagin astun batean, gehitu arroza eta limoi-azala, estali eta sutan jarri 18 minutuz, noizean behin irabiatuz. Kendu sutik eta nahasi azukrea, arrautzak eta gurina edo margarina eta utzi hozten. Irabiatu arrautza gorringoa, nahastutako azala, fruitu lehorrak eta Grand Marnier. Koipeztatu 20 cm/8-ko diametroa duen pastel-ontzi bat eta hautseztatu ogi birrinduz. Jarri nahasketa lata batean eta labean labean labean jarri 150 °C/300 °F/gas mark 2 45 minutuz, erdian sartutako pintxo bat garbi atera arte. Utzi hozten latan, gero atera eta epela zerbitzatu.

Siziliako bizkotxoa

23 x 9 cm/7 x 3½ tarta bat egiten du
Madeira tarta 450g/1lb

Betetzeko:
450 g/1 lb/2 kopa Ricotta gazta

50 g/2oz/¼ Kopako azukre (oso fina).

30 ml/2 koilarakada krema bikoitza (astuna).

30 ml/2 koilarakada zuritu nahasi (konfitatu) txikituta

15 ml/1 koilarakada almendra txikituta

30 ml/2 koilarakada laranja zaporeko likore

50 g/2 oz/½ kopa txokolate leuna (erdi gozoa), birrindua

Frosting egiteko (frosting):
350 g/12 oz/3 edalontzi txokolate leuna (erdi gozoa).

175 ml/6 fl oz/¾ kopa kafe beltz sendoa

225 g/8 oz/1 Kopako gatzik gabeko (gozoa) gurina edo margarina

Ebaki tarta luzera 1 cm/½ xerratan. Betegarria prestatzen duzu ricotta iragazki batetik (korazgailuan) bultzatuz eta gero irabiatuz leun arte. Irabiatu azukrea, esnegaina, nahasia, almendra, likorea eta txokolatea. Jarri pastela eta ricotta nahasketa geruzak paperezko 450 g/1lb ogi-ontzi batean (zartagin) eta amaitu tarta geruzarekin. Tolestu paperaren gainean eta hozkailuan 3 orduz ezarri arte.

Frostinga egiteko, urtu txokolatea eta kafea bero-iragazgaitza den ontzi batean, ur pixka bat sutan jarrita. Nahastu gurina edo margarina eta jarraitu irabiatzen nahasketa leuna izan arte. Utzi hozten loditu arte.

Kendu pastela paperetik eta jarri plater batean. Zabaldu edo eskuila pastelaren goialdea eta alboak izoztearekin eta markatu ereduak sardexka batekin behar izanez gero. Utzi gogortzen.

Italian Ricotta Tarta

25 cm/10 tarta bat egiten du

Saltsarako:

225 g/8oz mugurdi

250 ml/8 fl oz/1 kopa ur

50 g/2oz/¼ Kopako azukre (oso fina).

30 ml / 2 tbsp arto-irina (arto-almidoia)

Betetzeko:

450 g/1 lb/ 2 kopa Ricotta gazta

225 g/8 oz/1 kopa krema gazta

75 g/3 oz/1/3 kopa azukre (oso fina).

5 ml/1 koilarakada bainila esentzia (estraktua)

Limoi 1aren azala birrindua

Laranja 1aren azala birrindua

25 cm/10 bat Angel Food Cake-n

Prestatu saltsa osagaiak nahastuz leun arte, ondoren zartagin txiki batera bota eta su ertainean egosi, etengabe nahastuz, saltsa loditu eta irakiten egon arte. Xukatu eta bota haziak nahi izanez gero. Estali eta hoztu.

Osagai guztiak nahastuz egiten duzu betegarria, ondo nahastu arte.

Tarta horizontalean hiru geruzatan moztu eta betegarriaren bi herenekin ogitartekoa eta gainontzekoa zabaldu. Estali eta hozkailuan jarri saltsarekin zerbitzatzeko prest dagoen arte.

Italian Vermicelli pastela

23 cm/9 tarta bat egiten du

225 g fideoak

4 arrautza, bereizita

200 g / 7oz / 1 Kopako azukre (oso fina) falta da

225 g Ricotta gazta

2,5 ml/½ koilarakada kanela ehoa

2,5 ml/½ koilarakada ale xehatuta

Gatz pixka bat

50 g/2 oz/½ kopa arrunta (erabilera guztietarako) irina

50 g/2 oz/1/3 kopa mahaspasa

45 ml/3 koilarakada ezti purua

Zerbitzatzeko krema bakarra (argia) edo bikoitza (astuna).

Jarri ur lapiko handi bat irakiten, gehitu pasta eta egosi 2 minutuz. Xukatu eta garbitu ur hotzaren azpian. Irabiatu gorringoak azukrearekin zurbil eta leun arte. Irabiatu ricotta, kanela, ale eta gatza, gero irina. Irabiatu mahaspasak eta pasta. Irabiatu zuringoak gailur bigunetan eta gero nahastu pastelaren nahasketarekin. Jarri koipeztatu eta estalitako 23 cm/9 tarta-ontzi batean eta labean labean labea 200 °C/400 °F/gas mark 6an ordubetez urrezko arte. Berotu eztia astiro-astiro eta bota tarta epelaren gainean. Zerbitzatu epela kremarekin.

Italian intxaur eta mascarpone tarta

23 cm/9 tarta bat egiten du
450 g/1lb hostorea

175 g Mascarpone gazta

50 g/2oz/¼ Kopako azukre (oso fina).

30 ml/2 koilarakada abrikot marmelada (egosia)

3 arrautza gorringo

50 g/2 oz/½ kopa intxaurrak, txikituta

100 g/4 oz/2/3 kopa zuritu nahasi (konfitatua).

1 limoiaren azala fin-fin birrindua

Azukre hautsa (gozotegia), bahetua, hautseztatzeko

Zabaldu orea eta jarri erdia 23 cm-ko koipeztatutako 9 molde batean (zartagin). Mascarpone azukrea, marmelada eta 2 gorringoarekin irabiatu. Erreserbatu 15 ml/1 koilarakada fruitu lehorrak apaingarrirako, eta gero tolestu gainerakoa nahastutako azala eta limoiaren nahasketarekin. Jarri koilara tarta-ontzian. Estali betegarria gainerako pastelarekin (pasta), ondoren hezetu eta itsatsi ertzak. Gainerako arrautza gorringoa irabiatu eta gainazala garbitu. Aurrez berotutako labean 200 °C/400 °F/gas mark 6-an labean 35 minutuz igo eta urreztatu arte. Erreserbatutako intxaurrak hautseztatu eta azukre hautsez hautseztatu.

Holandako sagar tarta

8 balio

150 g/5oz/2/3 kopa gurina edo margarina

225 g/8 oz/2 edalontzi arrunta (erabilera guztietarako) irina

5 ml/1 koilarakada gozogintza hautsa

2 arrautza, bereizita

10 ml/2 koilarakada limoi zukua

900 g / 2lb zuritu gabeko sagar egosi (tarta), barrena eta xerratan moztuta

175 g/6 oz/1 Kopako jateko prest abrikot lehorrak, laurdenetan

100 g/4 oz/2/3 kopa mahaspasa

30 ml/2 koilarakada ur

5 ml/1 koilarakada kanela ehoa

50 g/2 oz/½ Kopako almendra ehoa

Igurtzi gurina edo margarina irina hauts gozoarekin nahasketa ogi birrindua izan arte. Gehitu arrautza gorringoak eta 5 ml/1 koilarakada limoi zukua eta nahastu arrautza leun batean. Orearen bi heren irabiatu eta koipeztaturiko 23 cm/9 tarta-ontzi bat hornitu harekin.

Jarri sagar xerrak, abrikotak eta mahaspasak zartaginean geratzen den limoi-zukuarekin eta urarekin. Egosi astiro-astiro 5 minutuz, gero xukatu. Jarri fruta gozogintzan. Kanela eta almendra xehatua nahastu eta gainean hautseztatu. Zabaldu gainerako orea eta egin tapa bat pastelari. Estali ertza ur pixka batekin eta gaina arrautza zuringoarekin garbitu. Aurrez berotutako labean 180 °C/350 °F/gas mark 4-n labean 45 minutu inguru irmo eta urreztatu arte.

Norvegiako tarta arrunta

25 cm/10 tarta bat egiten du

225 g/8 oz/1 Kopako gurina edo margarina, bigundua

275 g/10 oz/1 ¼ kopa azukre (oso fina).

5 arrautza

175 g/6 oz/1½ edalontzi arrunta (erabilera guztietarako) irina

7,5 ml/1 ½ koilarakada gozogintza hautsa

Gatz pixka bat

5 ml/1 koilarakada almendra esentzia (estraktua)

Gurina edo margarina eta azukrea irabiatu ondo konbinatu arte. Gehitu pixkanaka arrautzak, gehitu bakoitzaren ondoren ondo irabiatuz. Nahastu irina, gozogintza hautsa, gatza eta almendra esentzia leun arte. Koilarakada koipeztatu gabeko 25 cm/10 cm-ko tarta-ontzi batean sartu eta labean labean jarri ordubetez 160 °C/320 °F/gas mark 3an, ukipenean sendo arte. Utzi zartaginean hozten 10 minutuz alanbre-euskarri batera itzuli aurretik, hozten amaitzeko.

Norvegiako kransekake

25 cm/10 tarta bat egiten du

450 g/1 lb/4 cups almendra ehoa

100 g/4 oz/1 Kopako almendra mingots ehoa

450 g/1lb/22/3 edalontzi azukrea (gozotegiak).

3 arrautza zuringoa

Frosting egiteko (frosting):
75 g/3 oz/½ Kopako azukrea (gozotegiak).

½ arrautza zuringoa

2,5 ml/½ koilarakada limoi zukua

Nahastu almendrak eta azukre hautsa zartagin batean. Irabiatu arrautza zuringo bat eta, ondoren, jarri nahasketa su motelean epel arte. Kendu sutatik eta irabiatu arrautza zuringo gainerako elurra. Jarri nahasketa 1 cm/½ tobera (punta) batekin hornitutako piper-poltsa batean eta jarri 25 cm/10 hazbeteko diametroko espiral bat koipeztatuta dagoen gailetaren gainean. Jarraitu hoditeria espiraletan, bakoitza azkena baino 5 mm/¼ txikiagoa, 5 cm/2 zirkulu bat lortu arte. Aurrez berotutako labean labean jarri 150 °C/300 °F/gas mark 2-n 15 minutu inguru marroi argi arte. Oraindik epel daudenean, pila itzazu bata bestearen gainean dorre bat osatzeko.

Nahastu izoztearen osagaiak eta erabili tobera fin bat pastel guztian sigi-saga-lerroak sortzeko.

Portugalgo koko pastelak

12 egiten ditu

4 arrautza, bereizita

450 g/1lb/2 edalontzi azukre (oso fina).

450 g/1 lb/4 cups koko lehortua (birrindua).

100 g/4 oz/1 kopa arroz irina

50 ml/2 fl oz/3 ½ koilarakada arrosa ur

1,5 ml/¼ koilaratxo kanela ehoa

1,5 ml/¼ koilarakada kardamomoa

ale pixka bat ehotuta

Intxaur muskatu birrindu pixka bat

25 g/1 oz/¼ Kopako almendra xerratuta

Irabiatu gorringoak eta azukrea zurbil arte. Nahasi kokoa eta gero irina. Irabiatu arrosa ura eta espeziak. Irabiatu zuringoak gogortu arte eta gero nahasketara tolestu. Bota koipeztatuta dagoen 25 cm/10 koadroko labeko ontzi batean eta hautseztatu almendraz gaina. Aurrez berotutako labean 180°C/350°F/gas mark 4-an labean jarri 50 minutuz, erdian sartutako pintxo bat garbi atera arte. Latan hozten utzi 10 minutuz, ondoren laukitan moztu.

Eskandinaviar tarta Tosca

23 cm/9 tarta bat egiten du

2 arrautza

150 g/5oz/2/3 kopa azukre marroi biguna

50 g/2 oz/¼ Kopako gurina edo margarina, urtua

10 ml/2 koilarakada laranja azal birrindua

150 g/5 oz/1 ¼ kopa (erabilera guztietarako) irina

7,5 ml/1 ½ koilarakada gozogintza hautsa

60 ml/4 koilarakada krema bikoitza (astuna).

Frosting egiteko:

50 g/2 oz/¼ kopa gurina edo margarina

50 g/2oz/¼ Kopako azukre (oso fina).

100 g/4 oz/1 kopa almendra, txikituta

15 ml/1 koilarakada krema bikoitza (astuna).

30 ml/2 koilarakada irina arrunta (erabilera guztietarako).

Irabiatu arrautzak eta azukrea arina eta leuna izan arte. Nahastu gurina edo margarina eta laranja azala, gero irina eta gozogintza hautsa. Nahasi krema. Bota koilara batekin 23 cm/9-ko diametroa duen koipeztatu eta betetako tarta-ontzi batean eta labean labean jarri 180°C/350°C/gas 4 mailatan 20 minutuz.

Toppinga egiteko, berotu osagaiak zartagin batean, nahastu ondo konbinatu arte eta irakiten jarri. Bota pastelaren gainean. Igo labearen tenperatura 200 °C/400 °F/gas mark 6ra eta itzuli tarta labean beste 15 minutuz urrezko marroi arte.

Hegoafrikako Hertzog gailetak

12 egiten ditu

75 g/3 oz/¾ kopa irina arrunta (erabilera guztietarako).

15 ml/1 koilarakada azukre (oso fina).

5 ml/1 koilarakada gozogintza hautsa

Gatz pixka bat

40 g/1½ oz/3 koilarakada gurina edo margarina

1 arrautza gorringo handi

5 ml/1 koilaratxo esne

Betetzeko:

30 ml/2 koilarakada abrikot marmelada (egosia)

1 arrautza zuri handi

100 g/4oz/½ Kopako azukre (oso fina).

50 g/2 oz/½ kopa koko lehortua (birrindua).

Nahastu irina, azukrea, hautsa eta gatza. Igurtzi gurina edo margarina nahasketa ogi birrindua izan arte. Nahastu arrautza gorringoa eta nahikoa esne ore malgua egiteko. Ondo oratu. Orea irin apur bat irinatutako gainazal batean biribildu, moztu zirkuluak cookie-mozgailu batekin eta jarri koipeztatutako opil-formatan. Jarri koilarakada bat marmelada bakoitzaren erdian.

Irabiatu zuringoak gogortu arte, gero azukrea irabiatu gogor eta distiratsu arte. Nahasi kokoa. Jarri betegarria gozotegietan (tarta oskoletan), marmelada estaltzen duela ziurtatuz. Aurrez berotutako labean 180 °C/350 °F/gas mark 4-an labean jarri 20 minutuz urrezko arte. Utzi hozten latetan 5 minutuz alanbre-euskarri batera itzuli aurretik, hozten amaitzeko.

Euskal pastela

25 cm/10 tarta bat egiten du

Betetzeko:

50 g/2oz/¼ Kopako azukre (oso fina).

25 g/1 oz/¼ kopa arto-irina (arto-almidoia)

2 arrautza gorringo

300 ml/½ puntu/1¼ kopa esne

½ bainila leka (baba)

Azukre hauts (gozotegi) pixka bat

Tartarako:

275 g/10 oz/1 ¼ kopa gurina edo margarina, bigundua

175 g/5 oz/¼ kopa azukre (oso fina).

3 arrautza

5 ml/1 koilarakada bainila esentzia (estraktua)

450 g/1 lb/4 cups irina arrunta (erabilera guztietarako).

10 ml/2 koilarakada gozogintza hautsa

Gatz pixka bat

15 ml/1 koilarakada brandy

Igurtzi (gozotegiak) azukrea hautseztatzeko

Betetzeko, azukre hautsaren erdia irabiatu arto-irinarekin, arrautza-gorringoarekin eta esne pixka batekin. Jarri gainerako esnea eta azukrea irakiten bainila lekarekin, gero poliki-poliki gehitu azukrea eta arrautza nahastea, etengabe irabiatuz. Irakiten jarri eta egosi 3 minutuz, etengabe irabiatuz. Bota ontzi batera, azukre hautsez hautseztatu azala saihesteko, eta utzi hozten.

Tarta egiteko, krema gurina edo margarina eta glas azukrea arina eta leuna izan arte. Pixkanaka-pixkanaka irabiatu arrautzak eta bainila esentzia txandaka irin, gozogintza hautsa eta gatza koilarakadarekin, eta gero tolestu gainerako irina. Transferitu nahasketa 1 cm/½ tobera leun batekin (punta) duen piper-poltsa batera eta sartu nahasketaren erdia espiral batean koipeztatu eta irinatutako 25 cm/10 tarta-ontzi baten hondoan (labean). Marraztu zirkulu bat goialdean ertzaren inguruan, betegarria barruan sartzeko ertz bat sortzeko. Baztertu bainila babarrunak betegarritik, nahastu brandy eta irabiatu leun arte, eta gero koilaratxo pastelaren nahasketa. Zabaldu gainerako pastelaren nahasketa espiral batean gainean. Aurrez berotutako labean 190 °C/375 °F/gas mark 5-an labean jarri 50 minutuz, urrezko eta ukipenerako sendo arte. Utzi hozten, ondoren azukre glasarekin hautsatu.

Almendra eta krema gazta kotxea

23 cm/9 tarta bat egiten du

200 g/7oz/1¾ Kopako gurina edo margarina, bigundua

100 g/4oz/½ Kopako azukre (oso fina).

1 arrautza

200 g/7 oz/1 Kopako krema gazta baino gutxiago

5 ml/1 koilarakada limoi zukua

2,5 ml/½ koilarakada kanela ehoa

75 ml/5 koilarakada brandy

90 ml/6 koilarakada esne

30 galleta polit

Frosting egiteko (frosting):

60 ml/4 koilarakada azukre gazta

30 ml/2 koilarakada kakao-hautsa

100 g/4 oz/1 kopa txokolate leuna (erdi gozoa).

60 ml/4 koilarakada ur

50 g/2 oz/¼ kopa gurina edo margarina

100 g/4 oz/1 Kopako almendra xerratuta

Gurina edo margarina eta azukrea irabiatu arina eta leuna izan arte. Irabiatu arrautzak, krema gazta, limoi zukua eta kanela. Jarri paperezko orri handi bat zure laneko gainazalean. Nahastu brandya eta esnea. Sartu 10 galleta brandy nahasketan eta pilatu bi cookie altu eta bost cookie luze paperean laukizuzen batean. Zabaldu gazta nahasketa gailetetan. Zatitzen diren gailetak brandy eta esnetan sartu eta nahasketaren gainean jarri triangelu forma luze bat osatzeko. Estali paperarekin eta hozkailuan utzi gau osoan zehar.

Glazea egiteko, azukrea, kakaoa, txokolatea eta ura irakiten jarri kazola txiki batean eta egosi 3 minutuz. Kendu sutatik eta irabiatu gurina. Utzi pixka bat hozten. Tartatik papera kendu eta txokolate nahasketarekin zabaldu.Almendrak zapaldu oraindik epel dauden bitartean. Hoztu solido arte.

Schwarzwald Gâteau

18 cm/7 tarta bat egiten du

175 g/6 oz/¾ kopa gurina edo margarina, bigundua

175 g/6oz/¾ Kopako azukre (oso fina).

3 arrautza, arinki irabiatuta

150 g/5 oz/1¼ kopa auto-goragarria (auto-goragarria) irina

25 g / 1 oz / ¼ Kopako kakao (txokolate gozoa) hautsa

10 ml/2 koilarakada gozogintza hautsa

90 ml/6 koilarakada gerezi marmelada (egosi)

100 g/4 oz/1 Kopako txokolate leuna (erdi gozoa), fin-fin birrindua

400 g/14oz/1 lata handi gerezi beltzak, xukatuak eta zukua gordeta

150 ml/¼ pt/2/3 Kopako krema bikoitza (astua), harrotua

10 ml/2 koilarakada gezi-errota

Gurina edo margarina eta azukrea irabiatu arina eta leuna izan arte. Irabiatu pixkanaka arrautzak, gero irina, kakaoa eta gozogintza hautsa gehitu. Zatitu nahasketa koipeztatu eta forratuta dauden 18 cm/7 ogitarteko ontzien artean eta labean labean jarri aurrez berotutako labean 25 minutuz 25 minutuz, ukipenean sendo egon arte. Utzi hozten.

Opilak marmelada pixka batekin nahastu eta gainerakoa pastelaren alboetan zabaldu. Sakatu pastelaren aldeak txokolate birrinduarekin. Antolatu gereziak era erakargarrian gainean. Zabaldu krema pastelaren goiko ertzean. Berotu gezi-erroa gerezi-zuku pixka batekin eta eskuila fruitua beiratzeko.

Txokolate eta almendra Gâteau

23 cm/9 tarta bat egiten du

100 g/4 oz/1 kopa txokolate leuna (erdi gozoa).

100 g/4oz/½ Kopako gurina edo margarina, bigundua

150 g/5oz/2/3 kopa azukre (oso fina).

3 arrautza, bereizita

50 g/2 oz/½ Kopako almendra ehoa

100 g/4 oz/1 Kopako irina arrunta (erabilera guztietarako).

Betetzeko:
225 g/8 oz/2 edalontzi txokolate leuna (erdi gozoa).

300 ml/½ puntu/1¼ kopa bikoitza (astuna).

75 g/3 oz/¼ Kopako mugurdi marmelada (egosi)

Urtu txokolatea bero-erresistentea den ontzi batean, leunki egosten den ur zartagin baten gainean. Gurina edo margarina eta azukrea irabiatu, gero txokolatea eta arrautza gorringoak irabiatu. Nahastu almendra ehoa eta irina. Irabiatu zuringoak gogortu arte eta gero nahasketara tolestu. Jarri koilarakada koipeztatu eta forratuta 23 cm/9 tarta-ontzi batean (labean) eta labean labean jarri aurrez berotutako labean 40 minutuz 40 minutuz, ukipenean sendo egon arte. Utzi hozten, eta, ondoren, moztu pastela erditik horizontalean.

Prestatu betegarria txokolatea eta esnegaina urtuz irakiten ari den ur apur baten gainean jarritako ontzi batean. Nahastu leuna arte, gero utzi hozten, noizean behin irabiatuz. Opilak marmeladaz eta txokolate kremaren erdiarekin estali, gainontzeko krema zabaldu tartaren gainean eta alboetan eta utzi gogortzen.

Txokolatezko Gazta Tarta Gâteau

23 cm/9 tarta bat egiten du

Fundaziorako:
25 g/1oz/2 tbsp azukre (oso fina).

175 g/6 oz/1½ kopa Graham cracker apurrak

75 g/3 oz/1/3 kopa gurina edo margarina, urtua

Betetzeko:
100 g/4 oz/1 kopa txokolate leuna (erdi gozoa).

300 g/10 oz/1 ¼ kopa krema gazta

3 arrautza, bereizita

45 ml/3 koilarakada kakao-hautsa

25 g/1 oz/¼ kopa arrunta (erabilera guztietarako) irina

50 g / 2 oz / ¼ kopa azukre marroi biguna

150 ml/¼ pt/2/3 kopa garratza (esneki garratza) krema

50 g/2 oz/¼ Kopako azukre (oso fina) Apaintzeko:

100 g/4 oz/1 kopa txokolate leuna (erdi gozoa).

25 g/1 oz/2 koilarakada gurina edo margarina

120 ml/4 fl oz/½ Kopako krema bikoitza (astuna).

6 gerezi glacé (konfitatuak).

Oinarria egiten dugu azukrea eta gaileta apurrak urtutako gurinarekin nahastuz eta koipeztaturiko tarta zartagin baten hondoan eta alboetan zapaltzen dugu (23 cm/9) 23 cm/9-ko diametroa duena.

Prestatu betegarria txokolatea urtu apur bat sutan egositako ontzi baten gainean jarritako ontzi batean. Utzi pixka bat hozten.

Irabiatu gazta gorringoak, kakaoa, irina, azukre marroia eta krema garratza eta gero txokolate urtua irabiatu. Arrautza zuringoak bigundu arte, gehitu azukre hautsa eta irabiatu berriro gogor eta distiratsu arte. Nahastu nahasketa metalezko koilara batekin eta oinarriaren gainean bota, gainazala berdinduz. Aurrez berotutako labean labean jarri 160 °C/325 °F/gas mark 3 1,5 orduz. Labea itzali eta pastela hozten utzi atea zabalik duela labean. Utzi ezartzen eta gero zartaginetik kendu.

Apaintzeko, urtu txokolatea eta gurina edo margarina bero-iragazgaitza den ontzi batean, leunki irakiten ari den urarekin. Kendu sutatik eta utzi pixka bat hozten, gero krema irabiatu. Zabaldu txokolatea tartaren gainean ereduetan, gero apaindu gerezi glasez.

Txokolate Fudge Gâteau

20 cm/8 tarta bat egiten du

75 g/3 oz/¾ kopa txokolate leuna (erdi gozoa), txikituta

200 ml/7 fl oz/gutxiago 1 Kopako esne

225 g/8 oz/1 Kopako azukre marroi iluna

75 g/3 oz/1/3 kopa gurina edo margarina, bigundua

2 arrautza, arinki irabiatuta

2,5 ml/½ koilarakada bainila esentzia (estraktua)

150 g/5 oz/1 ¼ kopa (erabilera guztietarako) irina

25 g / 1 oz / ¼ Kopako kakao (txokolate gozoa) hautsa

5 ml/1 koilaratxo gozogintza soda (soda gozogintza)

Frosting egiteko (frosting):

100 g/4 oz/1 kopa txokolate leuna (erdi gozoa).

100 g/4oz/½ Kopako gurina edo margarina, bigundua

225 g/8 oz/11/3 cups azukre hautsa (gozotegiak), bahetuta

Txokolate malutak edo kizkur apaintzeko

Urtu txokolatea, esnea eta 75 g/3oz/1/3 kopa azukre zartagin batean eta utzi pixka bat hozten. Gurina eta gainerako azukrea irabiatu masa arin eta leun batean. Pixkanaka-pixkanaka irabiatu arrautzak eta bainila esentzia, gero txokolate nahasketa tolestu. Poliki-poliki tolestu irina, kakaoa eta bicarbonatoa. Jarri nahasketa koipeztatu eta estalitako 20 cm/8 ogitarteko ontzitan (zartagin) eta labean labean labea 180 °C/350 °F/gas mark 4-an 30 minutuz, ukipenean ukitu arte. Hoztu ontzietan 3 minutuz, eta, gero, jarri alanbre-euskarri batera hozten amaitzeko.

Frostinga egiteko, urtu txokolatea bero-iragazgaitza den ontzi batean, ur pixka bat sutan jarrita. Gurina edo margarina eta azukrea irabiatu bigundu arte, gero txokolate urtua irabiatu. Estali pastelak frostingaren heren batekin eta zabaldu gainerakoa pastelaren gainean eta alboetan. Dekoratu gaina maluta xehatuekin edo egin kizkurrak txokolate-barraren aldea labana zorrotz batekin urratuz.

Algarroba Mint Gâteau

20 cm/8 tarta bat egiten du

3 arrautza

50 g/2oz/¼ Kopako azukre (oso fina).

75 g/3 oz/1/3 kopa auto-goragarria (auto-goragarria) irina

25 g/1 oz/¼ kopa algarroba-hautsa

150 ml/¼ pt/2/3 kopa esnegaina

Menta esentzia tanta batzuk (estraktua)

50 g/2 oz/½ Kopako fruitu lehor nahasi txikituak

Irabiatu arrautzak zurbil arte. Irabiatu azukrea eta jarraitu nahasketa zurbil eta krematsua izan eta irabiagailutik desagertu arte. 15-20 minutu iraun ditzake. Nahastu irina algarroba hautsarekin eta nahastu arrautza nahasketara. Jarri koilarakada koipeztatu eta estalitako bi 20 cm/18 cm-ko tarta-ontzitan eta labean labean labea 180 °C/350 °F/gas mark 4-an 15 minutuz, ukipenean ukitu arte. Hotza.

Irabiatu esnegaina bigundu arte, nahastu esentzia eta fruitu lehorrak. Tarta bakoitza erditik moztu horizontalean eta jarri pastel guztiak kremaren gainean.

Ice Coffee Gâteau

18 cm/7 tarta bat egiten du

225 g/8 oz/1 Kopako gurina edo margarina

100 g/4oz/½ Kopako azukre (oso fina).

2 arrautza, arinki irabiatuta

100 g/4 oz/1 kopa auto-goragarria (auto-goragarria) irina

Gatz pixka bat

30 ml/2 koilarakada kafe esentzia (estraktua)

100 g/4 oz/1 Kopako almendra xerratuta

225 g/8 oz/11/3 cups azukre hautsa (gozotegiak), bahetuta

Gurina edo margarina erdia eta glas azukrea irabiatu arina eta leuna izan arte. Irabiatu pixkanaka arrautzak, gero irina, gatza eta 15 ml/1 tbsp kafe esentzia nahastu. Jarri nahasketa koipeztatu eta forratuta dauden 18 cm-ko 7 ogitarteko ontzietan eta labean labean labea 180 ºC-tan/350 ºF/gas mark 4tan 25 minutuz, ukipenean sendo egon arte. Utzi hozten. Jarri almendrak zartagin lehor batean eta frijitu su ertainean, etengabe astinduz, urreztatu arte.

Irabiatu gainerako gurina edo margarina bigundu arte, gero pixkanaka azukrea eta gainerako kafe esentzia irabiatu koherentzia zabaldu arte. Ogitarteko pastelak gainaren heren batekin batera. Zabaldu gainerako frosting-aren erdia pastelaren alboetan eta sakatu almendra erreak izoztean. Gainontzekoa pastelaren gainean zabaldu eta sardexka batekin ereduak markatu.

Kafe eta Intxaur Eraztun Gâteau

23 cm/9 tarta bat egiten du

Tartarako:

15 ml/1 koilarakada berehalako kafe hautsa

15 ml/1 koilarakada esne

100 g/4 oz/1 kopa auto-goragarria (auto-goragarria) irina

5 ml/1 koilarakada gozogintza hautsa

100 g/4oz/½ Kopako gurina edo margarina, bigundua

100 g/4oz/½ Kopako azukre (oso fina).

2 arrautza, arinki irabiatuta

Betetzeko:

45 ml/3 koilarakada abrikot marmelada (kontserba), iragazi (iragazita)

15 ml/1 koilarakada ur

10 ml/2 koilarakada berehalako kafe hautsa

30 ml/2 koilarakada esnea

100 g/4oz/2/3 cup azukre (gozotegiak), bahetuta

50 g/2 oz/¼ Kopako gurina edo margarina, bigundua

50 g/2 oz/½ kopa intxaurrak, txikituta

Frosting egiteko (frosting):

30 ml/2 koilarakada berehalako kafe hautsa

90 ml/6 koilarakada esne

450 g/1 lb/22/3 cups azukre hautsa (gozotegiak), bahetuta

50 g/2 oz/¼ kopa gurina edo margarina

Dekoraziorako intxaur-erdi pare bat

Tarta egiteko, disolbatu kafea esnean, gero tolestu gainerako pastelaren osagaiak eta irabiatu ondo konbinatu arte. Jarri koilaratxo koipeztatuta 23 cm-ko 9 lata borobil batean eta labean labean labea 160 °C-tan/325 °F/gas mark 3-an 40 minutuz, ukipenean ukitu arte. Utzi zartaginean hozten 5 minutuz, eta, ondoren, birrindu erretilu batera hozten. Moztu pastela erditik horizontalean.

Betegarria prestatzeko, berotu marmelada eta ura ondo konbinatu arte, eta gero zabaldu tarta moztutako gainazaletan. Kafea esnetan disolbatu, gero azukre hautsa gurina edo margarina eta fruitu lehorrak nahastu eta irabiatu koherentzia zabalgarria lortu arte. Jarri pastelaren bi erdiak betegarriarekin batera.

Kafea esnean disolbatuz prestatzen duzu erresistentea den ontzi batean ur pixka bat irakiten duen zartagin baten gainean jarrita. Gehitu glaseko azukrea eta gurina edo margarina eta irabiatu leun arte. Kendu sutik eta utzi hozten eta loditzen estalduraren koherentziaraino, noizean behin irabiatuz. Zabaldu koilara batekin frostinga tarta, intxaur erdiekin apaindu eta gogortzen utzi.

Danimarkako txokolatea eta Gâteau esnea

23 cm/9 tarta bat egiten du

4 arrautza, bereizita

175 g/6 oz/1 kopa azukrea (gozotegiak), bahetuta

Limoi erdiaren azala birrindua

60 g/2½ oz/2/3 kopa irina arrunta (erabilera guztietarako).

60 g/2½ oz/2/3 kopa patata irina

2,5 ml/½ koilarakada gozogintza hautsa

Betetzeko:
45 ml/3 koilarakada azukre birrindua (oso fina).

15 ml/1 koilarakada arto-irina (arto-almidoia)

300 ml/½ puntu/1¼ kopa esne

3 arrautza gorringo, irabiatuta

50 g/2 oz/½ Kopako fruitu lehor nahasi txikituak

150 ml/¼ pt/2/3 Kopako krema bikoitza (astuna).

Frosting egiteko:
100 g/4 oz/1 kopa txokolate leuna (erdi gozoa).

30 ml/2 koilarakada krema bikoitza (astuna).

25 g/1 oz/¼ kopa txokolate zuria, birrindua edo kizkurtan moztuta

Gorringoak irabiatu azukrea eta limoi-azalera. Nahastu irina eta gozogintza hautsa. Irabiatu zuringoak gogortu arte, gero metalezko koilara batekin nahasketara tolestu. Jarri koilaratxo koipeztatu eta estalitako 23 cm/9 tarta-ontzi batean eta labean labean labea 190 °C/375 °F/gas mark 5-an 20 minutuz, urrezko eta ukipenerako ukitu arte. Utzi zartaginean hozten 5 minutuz, eta, ondoren, birrindu erretilu batera hozten. Moztu pastela horizontalki hiru geruzatan.

Betegarria prestatzen duzu azukrea eta arto-irina esne pixka batekin nahastuz, pasta bat egiteko. Jarri gainerako esnea irakiten, ondoren arto-irina nahasketara bota eta ondo nahastu. Itzuli garbitutako zartaginera eta etengabe nahasi su oso baxuan, krema loditu arte. Irabiatu gorringoak su oso motelean, krema irakiten utzi gabe. Utzi pixka bat hozten eta gero fruitu lehorrak nahastu. Irabiatu esnegaina gogortu arte eta, ondoren, nahastu esnea. Jarri geruzak esnearekin batera.

Prestatu frostinga txokolatea eta esnegaina urtuz, bero-erresistentea den ontzi batean ur pixka bat sutan jarrita. Tarta gainazalean zabaldu eta txokolate zuri birrinduarekin apaindu.

Fruta Gâteaua

20 cm/8 tarta bat egiten du

1 sagar egosi (tarta), zuritu, zurtoina eta txikituta

25 g/1 oz/¼ kopa piku lehorrak, txikituta

25 g/1 oz/¼ kopa mahaspasa

75 g/3 oz/1/3 kopa gurina edo margarina, bigundua

2 arrautza

175 g/6 oz/1½ edalontzi gari osoa (gari osoa) irina

5 ml/1 koilarakada gozogintza hautsa

30 ml/2 koilarakada esne gaingabetua

15 ml/1 koilarakada gelatina

30 ml/2 koilarakada ur

400 g/14oz/1 lata handi anana txikitua, xukatu

300 ml/½ puntu/1¼ kopa fromage fris

150 ml/¼ pt/2/3 kopa esnegaina

Nahastu sagarra, pikuak, mahaspasak eta gurina edo margarina. Irabiatu arrautzak. Nahastu irina gozogintza hautsarekin eta nahikoa esne ore leun bat egiteko. Jarri koilarakada koipeztatutako 20 cm/8 tarta-ontzi batean eta labean labean labea 180°C/350°F/gas mark 4an 30 minutuz, ukipenean sendo egon arte. Kendu zartaginetik eta utzi hozten alanbrezko parrilla batean.

Betegarria prestatzen duzu ontzi txiki batean gelatina uretara botaz eta loditu arte utziz. Jarri ontzia ur bero batean eta utzi disolbatu arte. Utzi pixka bat hozten. Nahastu anana, saltsa eta esnegaina eta hozkailuan jarri arte. Moztu pastela erditik horizontalean eta estali kremaz.

Fruity Savarin

20 cm/8 tarta bat egiten du

15 g/½ oz legamia freskoa edo 20 ml/4 koilarakada legamia lehorra

45 ml/3 koilarakada esne epela

100 g/4 oz/1 Kopako irina arrunta (ogia).

Gatz pixka bat

5 ml/1 koilarakada azukre

2 arrautza, irabiatuta

50 g/2 oz/¼ Kopako gurina edo margarina, bigundua

Almibarrerako:
225 g/8oz/1 Kopako azukre (oso fina).

300 ml/½ pt/1¼ Kopako ur

45 ml/3 koilarakada kirsch

Betetzeko:
2 banana

100 g marrubi xerratan moztuta

100 g/4 oz mugurdi

Legamia eta esnea nahastu, gero 15 ml/1 tbsp irina sartu. Utzi aparra egiten. Gehitu gainerako irina, gatza, azukrea, arrautzak eta gurina eta irabiatu ore biguna sortu arte. Koilarakada koipeztatu eta irinatutako 20 cm/8 savarin edo tarta-ontzi biribil batean (hodia) eta utzi leku epel batean 45 bat minutuz, nahasketa ia lata-gora iritsi arte. Aurrez berotutako labean labean 30 minutuz urreztatu arte eta moldearen alboetatik aldendu arte. Jarri erretilu baten gainean alanbre-euskarri batera eta zulatu brotxeta batekin.

Savarin egosten ari den bitartean, prestatu almibarretan. Desegin azukrea uretan su baxuan, noizean behin irabiatuz. Ekarri irakiten eta egosi nahasi gabe 5 minutuz almibarretan egon arte. Kirsch-a irabiatu. Bota almibarretan beroa savarinaren gainean saturatu arte. Utzi hozten.

Moztu bananak xerra finetan eta nahastu beste fruituarekin eta erretiluan tantaka sartu den almibarretan. Jarri savarin plater batean eta jarri fruta erdian zerbitzatu baino lehen.

Jengibre tarta

18 cm/7 tarta bat egiten du

100 g/4 oz/1 kopa auto-goragarria (auto-goragarria) irina

5 ml/1 koilarakada gozogintza hautsa

100 g/4oz/½ Kopako gurina edo margarina, bigundua

100 g/4oz/½ Kopako azukre (oso fina).

2 arrautza

Betetzeko eta apaintzeko:

150 ml/¼ pt/2/3 kopa esnegaina edo krema bikoitza (astua)

100 g/4 oz/1/3 kopa jengibre-marmelada

4 jengibre gaileta (galleta), xehatuta

Jengibre kristalizatu (konfitatu) zati batzuk

Nahastu pastelaren osagai guztiak ondo konbinatu arte. Jarri koilarakada koipeztatu eta forratuta dauden 18 cm/7 ogitarteko ontzietan eta labean labean labean 160 °C/325 °F/gas mark 3-an 25 minutuz, urrezko marroia eta ukipenean ukitu arte. Hoztu latetan 5 minutuz, eta, gero, jarri alanbre-euskarri batera hozten. Ebaki tarta bakoitza erditik horizontalean.

Betegarria egiteko, irabiatu esnegaina gogortu arte. Zabaldu mermeladaren erdia tarta baten oinarrizko geruza gainean eta jarri bigarren geruza gainean. Esnegainaren erdiarekin zabaldu eta beste geruza batekin estali. Zabaldu hau geratzen den marmeladarekin eta estali azken geruzarekin. Zabaldu gainerako kremarekin eta apaindu cookie-apurrak eta kristalizatutako jengibrearekin.

Mahats eta mertxiketako gateaua

20 cm/8 tarta bat egiten du

4 arrautza

100 g/4oz/½ Kopako azukre (oso fina).

75 g/6 oz/1½ edalontzi arrunta (erabilera guztietarako) irina

Gatz pixka bat

Betetzeko eta apaintzeko:

100 g/14oz/1 lata handi mertxika almibarretan

450 ml/¾ pt/2 edalontzi krema bikoitza (astuna).

50 g/2oz/¼ Kopako azukre (oso fina).

Banila esentzia tanta batzuk (estraktua)

100 g/4 oz/1 kopa hur, txikituta

100 g hazirik gabeko mahatsa (hazirik gabe).

Menta fresko adar bat

Irabiatu arrautzak eta azukrea nahasketa lodi eta zurbila izan arte eta irabiagailutik bereizten ez den arte. Bahetu irina eta gatza eta astiro-astiro tolestu konbinatu arte. Jarri koilaratxo koipeztatuta eta forratuta 20 cm/8 cm-ko tarta-ontzi batean eta labean labea 180 °C/350 °F/gas mark 4-an sartu 30 minutuz, erdian sartutako pintxo bat garbi atera arte. Utzi zartaginean hozten 5 minutuz, eta, ondoren, birrindu erretilu batera hozten. Moztu pastela erditik horizontalean.

Xukatu mertxikak, 90 ml/6 koilarakada almibarretan erreserbatuz. Mertxikaren erdia xehatu eta gainerakoa txikitu. Irabiatu esnegaina azukrearekin eta bainila esentziarekin lodi arte. Zabaldu esnegainaren erdia tartaren beheko geruzaren gainean, hautseztatu mertxikak txikituta eta jarri pastelaren goiko aldea. Zabaldu gainerako krema pastelaren alboetan eta gainean. Sakatu txikitutako fruitu lehorrak alboetan. Jarri xerratako mertxikak pastelaren goiko ertzaren inguruan eta mahatsa erdian. Apaindu menda adar batekin.

Lemon Gâteau

18 cm/7 tarta bat egiten du

Tartarako:
100 g/4oz/½ Kopako gurina edo margarina, bigundua

100 g/4oz/½ Kopako azukre (oso fina).

2 arrautza, arinki irabiatuta

100 g/4 oz/1 kopa auto-goragarria (auto-goragarria) irina

Gatz pixka bat

Azala birrindua eta 1 limoiaren zukua

Frosting egiteko (frosting):
100 g/4oz/½ Kopako gurina edo margarina, bigundua

225 g/8 oz/11/3 cups azukre hautsa (gozotegiak), bahetuta

100 g/4 oz/1/3 kopa limoi mamia

Icing loreak apaintzeko

Tarta bat egiteko, krematu gurina edo margarina eta azukrea arina eta leuna izan arte. Irabiatu pixkanaka arrautzak, gero irina, gatza eta limoi-azala nahastu. Jarri nahasketa koipeztatu eta forratuta dauden 18 cm-ko 7 ogitarteko ontzietan eta labean labean labea 180 ºC-tan/350 ºF/gas mark 4tan 25 minutuz, ukipenean sendo egon arte. Utzi hozten.

Frostinga egiteko, irabiatu gurina edo margarina bigundu arte, ondoren glas azukrea eta limoi zukua irabiatu koherentzia zabaltzeko. Opilak limoiarekin estali eta pastelaren hiru laurdenak glazurarekin zabaldu eta sardexka bat erabili ereduak markatzeko. Jarri gainontzeko frostinga izar-pika batekin (punta) eta pastelaren goiko aldean hodi-poltsa batean. Dekoratu izotz loreekin.

Marron Gâteau

25 cm/10 tarta bat egiten du

425 g/15 oz/1 lata handi gaztaina purea

6 arrautza, bereizita

5 ml/1 koilarakada bainila esentzia (estraktua)

5 ml/1 koilarakada kanela ehoa

350 g/12 oz/2 edalontzi azukrea (gozotegikoa), bahetuta

100 g/4 oz/1 Kopako irina arrunta (erabilera guztietarako).

5 ml/1 koilaratxo gelatina hauts

30 ml/2 koilarakada ur

15 ml/1 koilarakada ron

300 ml/½ puntu/1¼ kopa bikoitza (astuna).

90 ml/6 koilarakada abrikot marmelada (kontserba), iragazi (iragazita)

30 ml/2 koilarakada ur

450 g/1 lb/4 cups txokolate leuna (erdi-gozoa), zatitan apurtuta

100g/4oz almendra-pasta

30 ml/2 koilarakada pistatxo txikituta

Iragazi eta nahastu gaztain-purea leuna izan arte, gero erditik banatu. Nahastu erdi bat arrautza gorringoak, bainila esentzia, kanela eta 50 g/2oz/1/3 Kopako azukre. Irabiatu arrautza zuringoak gailur zurrunetara, eta pixkanaka irabiatu 175 g/6oz/1 kopa azukrea gailur zurrunak sortu arte. Gorringo eta gaztainen nahasketara nahasi. Gehitu irina eta koilara koipeztatuta eta forratuta 25 cm/10 cm-ko tarta-ontzi batean. Aurrez berotutako labean 180 °C/350 °F/gas mark 4-an labean 45 minutuz ukitu arte. Utzi hozten, gero estali eta hozkailuan gau osoan zehar.

Bota gelatina ontzi batean uretara eta utzi disolbatzen. Jarri ontzia ur bero batean eta utzi disolbatu arte. Utzi pixka bat hozten. Nahastu gainerako gaztain-purea gainerako azukre glasarekin eta ronarekin. Irabiatu esnegaina gogortu arte, eta nahastu purean disolbatutako gelatinarekin. Tarta horizontalean hiru zatitan moztu eta gaztain purearekin estali. Moztu ertzak eta hoztu 30 minutuz.

Egosi marmelada eta ura ondo konbinatu arte, eta gero tartaren gainean eta alboetan zabaldu. Urtu txokolatea bero-erresistentea den ontzi batean, leunki egosten den ur zartagin baten gainean. Almendra-pasteari 16 gaztaina forma eman. Oinarria urtutako txokolatean sartu eta gero pistatxoetan. Zabaldu tarta gaina eta alboak geratzen den txokolatearekin eta leundu gainazala paleta batekin. Antolatu almendra-pasta gaztainak ertzetan txokolatea epel dagoen bitartean eta 16 xerratan moztu. Utzi hozten eta gogortzen.

Milaorria

23 cm/9 tarta bat egiten du

225g/8oz hostore

150 ml/¼ pt/2/3 kopa bikoitza (astuna) edo esnegaina harrotzeko

45 ml/3 koilarakada mugurdi marmelada (egosi)

Azukre hautsa (gozotegikoa), bahetuta

Zabaldu orea 3mm/1/8 inguruko lodieraraino eta moztu hiru laukizuzen berdinetan. Jarri erretilu heze batean eta labean labean 200°C/400°F/gas mark 6an 10 minutuz urreztatu arte. Hoztu alanbre-euskarri batean. Irabiatu esnegaina gogortu arte. Zabaldu marmelada bi gozogintza laukizuzenen gainean. Laukizuzenak esnegainarekin nahastu eta gainerako krema zabaldu. Zerbitzatu azukre hautsez hautsita.

Orange Gâteau

18 cm/7 tarta bat egiten du

225 g/8 oz/1 Kopako gurina edo margarina, bigundua

100 g/4oz/½ Kopako azukre (oso fina).

2 arrautza, arinki irabiatuta

100 g/4 oz/1 kopa auto-goragarria (auto-goragarria) irina

Gatz pixka bat

Azala birrindua eta 1 laranjaren zukua

225 g/8 oz/11/3 cups azukre hautsa (gozotegiak), bahetuta

Laranja xerra glacé (konfitatuak) apaintzeko

Gurina edo margarina erdia eta glas azukrea irabiatu arina eta leuna izan arte. Irabiatu pixkanaka arrautzak, gero irina, gatza eta laranja azala nahastu. Jarri nahasketa koipeztatu eta forratuta dauden 18 cm-ko 7 ogitarteko ontzietan eta labean labean labea 180 ºC-tan/350 ºF/gas mark 4tan 25 minutuz, ukipenean sendo egon arte. Utzi hozten.

Irabiatu gainerako gurina edo margarina bigundu arte, ondoren glas azukrea eta laranja zukua irabiatu koherentzia zabaltzeko. Jarri ogitarteko pastelak topping-aren heren batekin (topping), gero gainerakoa pastelaren goiko eta alboetan eta erabili sardexka bat ereduak trazatzeko. Apaindu laranja xerra beiraztatuekin.

Lau geruzako laranja marmelada Gâteau

23 cm/9 tarta bat egiten du

Tartarako:

200 ml/7 fl oz/1 Kopako ur ez da nahikoa

25 g/1 oz/2 koilarakada gurina edo margarina

4 arrautza, arinki irabiatuta

300 g/11oz/11/3 edalontzi azukre (oso fina).

5 ml/1 koilarakada bainila esentzia (estraktua)

300 g/11oz/2¾ kopa irina arrunta (erabilera guztietarako).

10 ml/2 koilarakada gozogintza hautsa

Gatz pixka bat

Betetzeko:

30 ml/2 koilarakada irina arrunta (erabilera guztietarako).

30 ml / 2 tbsp arto-irina (arto-almidoia)

15 ml/1 koilarakada azukre (oso fina).

2 arrautza, bereizita

450 ml/¾ pt/2 edalontzi esne

5 ml/1 koilarakada bainila esentzia (estraktua)

120 ml/4 fl oz/½ kopa jerez gozoa

175 g/6 oz/½ kopa laranja marmelada

120 ml/4 fl oz/½ Kopako krema bikoitza (astuna).

100 g/4oz kakahuete hauskorra, birrindua

Tarta prestatzeko, ura irakiten jarri gurinarekin edo margarinarekin. Irabiatu arrautzak eta azukrea zurbil arte, gero irabiatzen jarraitu oso zurbil arte. Nahasi bainila esentzia, hautseztatu irina, gozogintza hautsa eta gatza eta estali irakiten duten gurina eta uraren nahasketarekin. Nahastu elkarrekin konbinatu arte. Jarri koilaratxo koipeztatu eta irinatutako 23 cm/9 ogitarteko ontzietan eta labean labean labean 180 °C/350 °F/gas mark 4tan 25 minutuz, urre koloreko marroia eta ukipenean ukitu arte. Hoztu ontzietan 3 minutuz, eta, gero, jarri alanbre-euskarri batera hozten amaitzeko. Ebaki tarta bakoitza erditik horizontalean.

Betetzeko, nahastu irina, arto-irina, azukrea eta arrautza gorringoak pasta batean esne pixka batekin. Jarri zartagin batean geratzen den esnea irakiten, gero nahasketara bota eta irabiatu leun arte. Itzuli garbitutako zartaginera eta, etengabe nahastuz, irakiten jarri su motelean loditu arte. Kendu sutatik eta gehitu bainila esentzia, gero utzi pixka bat hozten. Irabiatu zuringoak gogortu arte, gero tolestu.

Zabaldu opilaren lau geruza jerezarekin, hiru marmeladarekin eta gainean natilarekin. Lotu geruzak lau geruzako sandwich batean. Irabiatu esnegaina gogortu arte eta zabaldu pastelaren gaina koilara batekin. Kakahuete hauskorrarekin hautseztatu.

Pecan eta Date Gâteau

23 cm/9 tarta bat egiten du

Tartarako:

250 ml/8 fl oz/1 Kopako ur irakinetan

450 g/1 lb/2 kopa datil zulotuak, fin-fin txikituta

2,5 ml/½ tsp bicarbonato de sodio (soda gozogintza)

225 g/8 oz/1 Kopako gurina edo margarina, bigundua

225 g/8oz/1 Kopako azukre (oso fina).

3 arrautza

100 g/4 oz/1 Kopako pakanak txikituta

5 ml/1 koilarakada bainila esentzia (estraktua)

350 g/12 oz/3 edalontzi irina arrunta (erabilera guztietarako).

10 ml/2 koilarakada kanela ehoa

5 ml/1 koilarakada gozogintza hautsa

Frosting egiteko (frosting):

120 ml/4 fl oz/½ kopa ur

30 ml/2 koilarakada kakao-hautsa

10 ml/2 koilarakada berehalako kafe hautsa

100 g/4oz/½ Kopako gurina edo margarina

400 g/14oz/21/3 cups azukre hautsa (gozotegiak), bahetuta

50 g/2 oz/½ kopa pakanak, fin-fin txikituta

Datilak eta bicarbonatoa ura irakiten botaz eta hozten utziz prestatzen duzu pastela. Gurina edo margarina eta azukre hautsa irabiatu arina eta leuna izan arte. Irabiatu pixkanaka arrautzak, gero fruitu lehorrak, bainila esentzia eta datilak nahastu. Nahastu irina, kanela eta gozogintza hautsa. Jarri koilaratxo koipeztaturiko

23 cm/9 ogitarteko ontzitan (zartagin) eta labean labean labea 180 °C/350 °F/gas mark 4-an 30 minutuz, ukipenean ukitu arte. Jarri alanbrezko parrilla batera hozteko.

Glazea egiteko, egosi ura, kakaoa eta kafea kazola txiki batean almibarretan lodi bat izan arte. Utzi hozten. Krematu gurina edo margarina eta glasezko azukrea bigundu arte, gero almibarretan irabiatu. Estali pastelak frostingaren heren batekin. Zabaldu gainerako frosting erdia tartaren alboetan, eta gero zapaldu txikitutako pekanen gainean. Zabaldu gainerako frosting gehiena gainean eta izoztu arrosa batzuk jarri.

Arana eta Kanela Gâteaua

23 cm/9 tarta bat egiten du

350 g/12oz/1½ Kopako gurina edo margarina, bigundua

175 g/6oz/¾ Kopako azukre (oso fina).

3 arrautza

150 g/5 oz/1¼ kopa auto-goragarria (auto-goragarria) irina

5 ml/1 koilarakada gozogintza hautsa

5 ml/1 koilarakada kanela ehoa

350 g/12 oz/2 edalontzi azukrea (gozotegikoa), bahetuta

5 ml/1 koilaratxo laranja azal fin-fin birrindua

100 g/4 oz/1 Kopako hur, xehatuta

300 g/11oz/1 lata ertaineko inausketak, xukatuak

Gurina edo margarina erdia eta glas azukrea irabiatu arina eta leuna izan arte. Irabiatu pixkanaka arrautzak, gero irina, hautsa eta kanela nahastu. Jarri koilaratxo koipeztatuta eta forratuta 23 cm/9 tarta koadro batean eta labea aurrez berotutako labean sartu 40 minutuz 40 minutuz, erdian sartutako pintxo bat garbi atera arte. Moldetik atera eta hozten utzi.

Irabiatu gainerako gurina edo margarina biguna arte, eta gero irabiatu azukrea eta laranja azal birrindua. Moztu pastela erditik horizontalean eta gero estali bi erdiak izozketaren bi herenekin. Zabaldu gainerako frosting gehiena pastelaren gainean eta alboetan. Bultzatu fruitu lehorrak pastelaren alboetan eta jarri aranak era erakargarri gainean. Zabaldu gainerako izoztea dekorazioz pastelaren goiko ertzean.

Prune Layer Gâteau

25 cm/10 tarta bat egiten du

Tartarako:

225 g/8 oz/1 Kopako gurina edo margarina

300 g/10oz/2¼ edalontzi azukre (oso fina).

3 arrautza, bereizita

450 g/1 lb/4 cups irina arrunta (erabilera guztietarako).

5 ml/1 koilarakada gozogintza hautsa

5 ml/1 koilaratxo gozogintza soda (soda gozogintza)

5 ml/1 koilarakada kanela ehoa

5 ml/1 koilarakada intxaur muskatu birrindua

2,5 ml/½ koilarakada ale xehatuta

Gatz pixka bat

250 ml/8 fl oz/1 Kopako krema bakarra (argia).

225 g/8 oz/11/3 edalontzi aran egosi zulo-zulo (zulo) fin-fin txikituta

Betetzeko:

250 ml/8 fl oz/1 Kopako krema bakarra (argia).

100 g/4oz/½ Kopako azukre (oso fina).

3 arrautza gorringo

225 g/8 oz/11/3 edalontzi aran egosi zulo-zuloak

30 ml/2 koilarakada laranja azal birrindua

5 ml/1 koilarakada bainila esentzia (estraktua)

50 g/2 oz/½ Kopako fruitu lehor nahasi txikituak

Tarta bat egiteko, krema gurina edo margarina eta azukrea. Pixkanaka-pixkanaka irabiatu gorringoak, gero irina, gozogintza hautsa, bicarbonatoa, espeziak eta gatza nahastu. Nahasi krema eta prunak. Irabiatu zuringoak gogortu arte eta gero nahasketara tolestu. Jarri koilarakada koipeztatu eta irinatutako 25 cm/10 ogitarteko ontzietan eta labean labean labea 180 °C/350 °F/gas mark 4-an 25 minutuz, ondo igo eta ukipenean ukitu arte. Utzi hozten.

Nahastu betetzeko osagai guztiak fruitu lehorrak izan ezik, ondo konbinatu arte. Jarri zartagin batean eta su baxuan egosi, etengabe nahastuz, loditu arte. Oinarrizko tarta gainean betegarriaren herena zabaldu eta fruitu lehorren heren batekin hautseztatu. Jarri bigarren pastela gainean eta estali gainerako frosting erdiarekin eta gainerako fruitu lehorren erdiarekin. Jarri azken tarta gainean eta zabaldu gainerako frostinga eta fruitu lehorrak.

Tarta ortzadar marradun

18 cm/7 tarta bat egiten du

Tartarako:

100 g/4oz/½ Kopako gurina edo margarina, bigundua

225 g/8oz/1 Kopako azukre (oso fina).

3 arrautza, bereizita

225 g/8 oz/2 edalontzi arrunta (erabilera guztietarako) irina

Gatz pixka bat

120 ml/4 fl oz/½ kopa esne gehi gehigarria

5 ml/1 koilarakada tartaro krema

2,5 ml/½ tsp bicarbonato de sodio (soda gozogintza)

Limoi esentzia tanta batzuk (estraktua)

Elikagaien koloratzaile gorri tanta batzuk

10 ml/2 koilaratxo kakao-hautsa (txokolate gozoa).

Betetzeko eta gaineratzeko (frosting):

225 g/8 oz/11/3 cups azukre hautsa (gozotegiak), bahetuta

50 g/2 oz/¼ Kopako gurina edo margarina, bigundua

10 ml/2 koilarakada ur beroa

5 ml/1 koilaratxo esne

2,5 ml/½ koilarakada bainila esentzia (estraktua)

Dekoraziorako azukre hautseztatu koloretsuak

Tarta bat egiteko, krematu gurina edo margarina eta azukrea arina eta leuna izan arte. Pixkanaka-pixkanaka irabiatu gorringoak, gero irina eta gatza nahastu esnearekin txandaka. Konbinatu tartaro krema eta soda gozogintza esne apur batekin, gero nahasketara tolestu. Irabiatu zuringoak gogortu arte, gero metalezko koilara batekin nahasketara tolestu. Zatitu nahasketa hiru zati berdinetan. Nahastu limoi esentzia lehenengo ontzian, elikagai gorria bigarrenean eta kakaoa hirugarren ontzian. Jarri nahasketa koipeztatu eta estalitako 18 cm-ko 7 tarta-ontzietan eta labean labea 180 ºC-tan/350 ºF/gas mark 4-an labean jarri 25 minutuz, urre koloreko marroia eta ukipenean ukitu arte. Hoztu latetan 5 minutuz, eta, gero, jarri alanbre-euskarri batera hozten.

Frostinga egiteko, jarri glasa azukrea ontzi batean eta egin putzu bat erdian. Irabiatu pixkanaka gurina edo margarina, ura, esnea eta bainila esentzia hedadura bat sortu arte. Jarri pastelak nahasketaren heren batean eta gainontzekoa pastelaren gainean eta alboetan zabaldu eta sardexka batekin gainazala lamurtu. Gainean hautseztatu azukre hautsez beteta.

Gâteau St-Honoré

25 cm/10 tarta bat egiten du

Choux pastelerako (pasta):
50 g/2 oz/¼ kopa gatzik gabeko (gozoa) gurina edo margarina

150 ml/¼ pt/2/3 kopa esne

Gatz pixka bat

50 g/2 oz/½ kopa arrunta (erabilera guztietarako) irina

2 arrautza, arinki irabiatuta

225g/8oz hostore

1 arrautza gorringoa

Karamelurako:
225 g/6oz/¾ Kopako azukre (oso fina).

90 ml/6 koilarakada ur

Betetzeko eta apaintzeko:
5 ml/1 koilaratxo gelatina hauts

15 ml/1 koilarakada ur

Banila krema frosting kantitate 1

3 arrautza zuringoa

175 g/6oz/¾ Kopako azukre (oso fina).

90 ml/6 koilarakada ur

Choux pastela (pasta) egiteko, urtu gurina esnearekin eta gatzarekin su motelean. Ekarri irakiten azkar, gero sutik kendu eta azkar irina irabiatuz, pastela zartaginaren alboetatik urrundu arte. Utzi pixka bat hozten, gero arrautzak pixkanaka irabiatu eta irabiatzen jarraitu leun eta distiratsu arte.

Zabaldu hostorea 26 cm/10½-ko diametroa duen zirkulu batean, jarri labean koipeztatuta dagoen xafla batean eta sardexka batekin zulatu. Jarri chou-pasta 1 cm/½ tobera arrunt batekin (punta) hornitutako pastelera batera eta jarri zirkulu bat hostorearen ertzean. Luzatu bigarren zirkulua erdialderantz. Koipeztaturiko labeko xafla bereizi batean, zatitu gainerako choux pastela bola txikitan. Opil guztia arrautza-gorringoarekin ornitu eta 220°C/425°F/gas 7-tan labean labean jarri 12 minutuz choux bolak egiteko eta 20 minutu oinarrirako, urreztatu eta puztu arte.

Karamelua egiteko, disolbatu azukrea uretan eta, ondoren, 8 minutu inguru 160°C-tan egosi karamelu argi bat lortu arte. Kanpoko eraztuna karameluarekin garbitu pixka bat. Busti bolatxoen goiko erdia karameluan eta, ondoren, sakatu pastelaren kanpoko eraztunean.

Gelatina ontzi batean ura botaz eta loditzen utziz sortzen duzu betegarria. Jarri ontzia ur bero batean eta utzi disolbatu arte. Utzi pixka bat hozten eta gero bainila krema nahasi. Arrautza zuringoak irabiatu gailur gogorrak sortu arte. Bitartean, azukrea eta ura egosi 120 °C-tan edo ur hotz tanta batek bola gogor bat osatu arte. Pixkanaka-pixkanaka irabiatu arrautza zuringoak, gero irabiatzen jarraitu hozten arte. Nahastu esnea. Zabaldu esnea pastelaren erdian eta hoztu zerbitzatu aurretik.

Marrubi Choux Gâteau

23 cm/9 tarta bat egiten du

50 g/2 oz/¼ kopa gurina edo margarina

150 ml/¼ pt/2/3 kopa ur

75 g/3 oz/1/3 kopa arrunta (erabilera guztietarako) irina

Gatz pixka bat

2 arrautza, arinki irabiatuta

50 g/2 oz/1/3 Kopako azukre hautsa (gozotegia), bahetuta

300 ml/½ pt/1¼ kopa bikoitza (astuna), harrotua

225 g marrubiak, erdira banatuta

25 g/1 oz/¼ Kopako almendra xerratuta

Jarri gurina edo margarina eta ura kazola batean eta pixkanaka irakiten jarri. Kendu sutatik eta azkar irina eta gatza irabiatu. Irabiatu pixkanaka arrautzak arrautza distiratsua izan arte eta zartaginaren alboetatik urrundu arte. Jarri nahasketa zirkulu batean koipeztatuta dagoen labeko xafla batean, tarta biribil bat osatzeko eta labean labean labea 220 °C/425 °F/gas mark 7-n 30 minutuz urrezko arte. Utzi hozten. Moztu pastela erditik horizontalean. Irabiatu azukrea esnegainari. Ogitarteko erdiak krema, marrubiak eta almendrarekin batera.

Marrubi Fruta Gâteaua

20 cm/8 tarta bat egiten du

1 sagar egosi (tarta), zuritu, zurtoina eta txikituta

25 g/1 oz/3 koilarakada piku lehorrak, txikituta

25 g/1 oz/3 koilarakada mahaspasa

75 g/3 oz/1/3 kopa gurina edo margarina

2 arrautza

175 g/6 oz/1½ edalontzi arrunta (erabilera guztietarako) irina

5 ml/1 koilarakada gozogintza hautsa

30 ml/2 koilarakada esnea

225 g/8 oz marrubiak, xerratan

225 g/8 oz/1 Kopako frijitua

Pureatu sagarrak, pikuak, mahaspasak eta gurina edo margarina argia eta leuna izan arte. Arrautzak irabiatu, gero irina, hautsa eta nahikoa esne nahastu ore leun bat egiteko. Jarri koilaratxo koipeztatuta 20 cm/8 cm-ko tarta-ontzi batean eta labean labean labea 180 °C/350 °F/gas mark 4an 30 minutuz, ukipenean sendo egon arte. Moldetik atera eta hozten utzi. Moztu pastela erditik horizontalean. Ogitartekoa marrubiekin eta gazta batera.

Malagan bustitako pastela espainiarra

23 cm/9 tarta bat egiten du

8 arrautza

700 g/1½ lb/3 edalontzi azukre granulatua

350 g/12 oz/3 edalontzi irina arrunta (erabilera guztietarako).

300 ml/½ pt/1¼ Kopako ur

350 g/12oz/1½ Kopako azukre marroi biguna

400 ml/14 fl oz/1¾ kopa Malaga edo ardo gotortua

Kanela ehoa

Irabiatu arrautzak eta azukre granulatuaren erdia bero-iragazgaitza den ontzi batean, astiro-astiro irakiten duen ur zartagin baten gainean almibarretan lodi bat sortu arte. Gehitu pixkanaka irina etengabe irabiatuz. Jarri koilaratxo koipeztatu eta irinatutako 23 cm/9 tarta koadro batean eta labean labean labea 190 °C/375 °F/gas mark 5-an 45 minutuz, ukipenean ukitu arte. Utzi zartaginean hozten 5 minutuz alanbre-euskarri batera transferitu aurretik hozten amaitzeko.

Bitartean, berotu ura zartagin batean eta gehitu gainerako azukre granulatua eta azukre marroia. Su ertainean egosi 25 minutu inguru almibarretan argi eta lodi bat lortu arte. Kendu sutik eta utzi hozten. Irabiatu ondo Malaga edo ardoa. Bota almibarretan tarta gainean eta zerbitzatu kanelaz hautseztatuta.

Gabonetako pastela

23 cm/9 tarta bat egiten du

350 g/12oz/1½ Kopako gurina edo margarina, bigundua

350 g/12oz/1½ Kopako azukre marroi biguna

6 arrautza

450 g/1 lb/4 cups irina arrunta (erabilera guztietarako).

Gatz pixka bat

5 ml/1 koilarakada lurzoruaren nahasketa (sagar) espezia

225 g/8 oz/11/3 edalontzi mahaspasa

450 g/1 lb/22/3 cups sultanak (urrezko mahaspasak)

225 g/8 oz/11/3 kopa currants

175 g/6 oz/1 Kopako zuritu nahasia (konfitatua).

50 g/2 oz/¼ kopa glacé (konfitatuak) gerezi, txikituta

100 g/4 oz/1 kopa almendra, txikituta

30 ml/2 koilarakada blackstrap melaza (melaza)

45 ml/3 koilarakada brandy

Almendra pasta

Errege izotza

Krematu gurina edo margarina eta azukrea bigundu arte, gero arrautzak banan-banan irabiatu. Nahastu irina, gatza eta espeziak, gero gainerako osagai guztiak. Jarri koilaratxo koipeztatu eta estalitako 23 cm/9 tarta-ontzi batean eta labean jarri 140°C/275°F/gas mark 1 6 ordu eta erdiz, erdian sartutako pintxo bat garbi atera arte. Utzi guztiz hozten, gero paperean bildu eta gorde ontzi hermetiko batean gutxienez hiru astez almendra-pasta gainean bota eta errege-glazarekin apaindu, dastatzeko.

Marrubi Mousse Gâteau

23 cm/9 tarta bat egiten du

Tartarako:

100 g/4 oz/1 kopa auto-goragarria (auto-goragarria) irina

100 g/4oz/½ Kopako gurina edo margarina, bigundua

100 g/4oz/½ Kopako azukre (oso fina).

2 arrautza

Aparretarako:

15 ml/1 koilarakada hauts gelatina

30 ml/2 koilarakada ur

450g/1lb marrubiak

3 arrautza, bereizita

75 g/3 oz/1/3 kopa azukre (oso fina).

5 ml/1 koilarakada limoi zukua

300 ml/½ puntu/1¼ kopa bikoitza (astuna).

30 ml/2 koilarakada almendra xerratuta, arinki txigortuta

Irabiatu pastelaren osagaiak leun arte. Jarri koilaratxo bat koipeztatu eta forratuta 23 cm-ko diametroa duen pastel-ontzi batean (labean) eta labean labea 190 °C/375 °F/gas 5 mailatan labean jarri 25 minutuz urrezko marroia eta ukipenerako sendo egon arte. Moldetik atera eta hozten utzi.

Apara prestatzen duzu ontzi batean gelatina urarekin hautseztatu eta loditu arte utziz. Jarri ontzia ur bero batean eta utzi disolbatu arte. Utzi pixka bat hozten. Bitartean, 350g marrubi purea eta gero bahe batetik (koragailua) pasa harriak kentzeko. Irabiatu arrautza gorringoak eta azukrea zurbil eta lodi arte eta nahasketa irabiagailutik zintetan ateratzen da. Nahastu purea, limoi zukua eta gelatina. Irabiatu esnegaina gogortu arte, gero erdia nahasketara nahasi. Irabiagailu garbi bat eta ontzi bat erabiliz, irabiatu zuringoak gailur zurrunak sortu arte, gero nahasketara tolestu.

Moztu bizkotxoa erditik horizontalean eta jarri erdi bat plastikozko paperarekin estalitako tarta garbi baten hondoan. Gainerako marrubiak xerratan moztu eta bizkotxoaren gainean antolatu, gero zaporedun krema zabaldu eta azkenik pastelaren bigarren geruza. Sakatu oso leunki. Hoztu solido arte.

Zerbitzatzeko, irauli gateaua plater batean eta kendu filma (plastikozko papera). Apaindu gainerako kremarekin eta apaindu almendraz.

Gabonetako egunkaria

Bat egiten du

3 arrautza

100 g/4oz/½ Kopako azukre (oso fina).

100 g/4 oz/1 Kopako irina arrunta (erabilera guztietarako).

50 g/2 oz/½ kopa txokolate leuna (erdi gozoa), birrindua

15 ml/1 koilarakada ur beroa

Azukre hautsa (oso fina) biribiltzeko

Frosting egiteko (frosting):

175 g/6 oz/¾ kopa gurina edo margarina, bigundua

350 g/12 oz/2 edalontzi azukrea (gozotegikoa), bahetuta

30 ml/2 koilarakada ur epela

30 ml/2 koilarakada kakao-hautsa Apaintzeko:

Gorosti eta txantxangorri hostoak (aukerakoa)

Irabiatu arrautzak eta azukrea bero-erresistentea den ontzi batean, leunki irakiten ari den urarekin. Jarraitu irabiatzen nahasketa zurrun egon arte eta irabiagailutik altxa ez den arte. Kendu sutik eta irabiatu hozten arte. Nahasi irina erdia, gero txokolatea, gero gainerako irina, gero ura. Jarri koilaratxo koipeztatu eta forratuta suitzarako (gelatina) lata batean eta labean labean labea 220 °C/425 °F/gas mark 7-n 10 minutu inguruz, ukipenean sendo arte. Hautseztatu paper koipegabeko (argizaria) izotz azukrearekin. Tarta moldetik ateratzen dugu paperera eta ertzak mozten ditugu. Estali beste orri batekin eta ertz laburrenetik atera.

Frostinga gurina edo margarina eta glas azukrea irabiatuz prestatzen duzu, gero ura eta kakaoa irabiatuz. Askatu tarta hotza, kendu papera eta zabaldu frosting erdia tarta gainean. Itzuli berriro, ondoren izoztu gainerako izozteakin eta markatu sardexka batekin enbor itxura izan dezan. Gainean azukre hauts pixka bat bota eta nahi bezala apaindu.

Pazko Bonnet Tarta

20 cm/8 tarta bat egiten du

75 g/3 oz/1/3 kopa muscovado azukre

3 arrautza

75 g/3 oz/¾ kopa auto-goragarria (auto-goragarria) irina

15 ml/1 koilarakada kakao-hautsa

15 ml/1 koilarakada ur epela

Betetzeko:
50 g/2 oz/¼ Kopako gurina edo margarina, bigundua

75 g/3 oz/½ Kopako azukrea (gozotegikoa), bahetuta

Frosting egiteko:
100 g/4 oz/1 kopa txokolate leuna (erdi gozoa).

25 g/1 oz/2 koilarakada gurina edo margarina

Zinta edo azukre loreak (aukerakoa)

Bero-iragazgaitza den ontzi batean, zartagin batean ur sutan jarrita, irabiatu azukrea eta arrautzak. Jarraitu irabiatzen nahasketa lodi eta kremetsua izan arte. Utzi gelditzen minutu batzuk, gero kendu sutik eta irabiatu berriro nahasketak arrastoa utzi arte irabiagailua kentzean. Nahastu irina eta kakaoa, gero urarekin. Jarri koilarakada koipeztatu eta forratuta 20 cm/8 tarta-ontzi batean (labean) eta koipeztatu eta forratuta 15 cm/6 tarta-ontzi batean. Aurrez berotutako labean 200 °C/400 °F/gas mark 6an labean jarri 15-20 minutuz ondo igo eta ukipenean sendo egon arte. Utzi hozten erretilu batean.

Betegarria egiteko, nahastu margarina eta azukre hautsa. Erabili tarta txikiago bat handiago batean ogitarteko.

Frostinga egiteko, urtu txokolatea eta gurina edo margarina bero-iragazgaitza den ontzi batean, leunki sutan dagoen ur zartagin baten gainean. Jarri frostinga tartara eta zabaldu ur beroan sartutako labana batekin guztiz estali dadin. Dekoratu zinta edo azukre loreekin ertzaren inguruan.

Simnel Pazko tarta

20 cm/8 tarta bat egiten du

225 g/8 oz/1 Kopako gurina edo margarina, bigundua

225 g/8 oz/1 Kopako azukre marroi biguna

Limoi 1aren azala birrindua

4 arrautza, irabiatuta

225 g/8 oz/2 edalontzi arrunta (erabilera guztietarako) irina

5 ml/1 koilarakada gozogintza hautsa

2,5 ml/½ koilarakada intxaur muskatu birrindua

50 g/2 oz/½ kopa arto-irina (arto-almidoia)

100 g/4 oz/2/3 kopa sultana (urrezko mahaspasak)

100 g/4 oz/2/3 kopa mahaspasa

75 g/3 oz/½ Kopako grosella

100 g/4 oz/½ kopa glacé (konfitatuak) gerezi, txikituta

25 g/1 oz/¼ kopa almendra ehoa

450g/1lb almendra-pasta

30 ml/2 koilarakada abrikot marmelada (egosia)

1 arrautza zuringoa, irabiatua

Igurtzi gurina edo margarina, azukrea eta limoi-azala masa zurbil eta leun batean. Pixkanaka-pixkanaka irabiatu arrautzak, gero nahastu irina, gozogintza hautsa, intxaur muskatua eta arto-irina. Nahastu fruta eta almendrak. Jarri nahasketa erdia koipeztatu eta forratuta dagoen 20 cm/8 tarta-ontzi batean. Biratu almendra orearen erdia tarta baten tamainako zirkulu batean eta jarri nahasketaren gainean. Bete gainerako nahasketarekin eta labean labean labean 160 °C/325 °F/gas mark 3-n 2-2 ordu eta erdiz urrezko arte. Utzi hozten latan. Hozten denean buelta eman eta koipea ez den paperean bildu. Gorde ontzi hermetiko batean, ahal bada, hiru astez gehienez.

Tarta amaitzeko, gaina marmeladaz zabaldu. Biratu gainerako almendra-pastearen hiru laurdenak 20 cm/8 zirkulu batean, moztu ertzak eta jarri pastelaren gainean. Biratu gainerako almendra-pasta 11 bolatan (Judas gabeko ikasleak irudikatzeko). Opilaren gaina arrautza zuringoarekin ornitu eta pastelaren ertzaren inguruan bolak antolatu, gero arrautza zuringoarekin. Jarri parrilla bero baten azpian (broiler) minutu batez edo arin gorritzeko.

Hamabigarren Gaueko Tarta

20 cm/8 tarta bat egiten du

225 g/8 oz/1 Kopako gurina edo margarina, bigundua

225 g/8 oz/1 Kopako azukre marroi biguna

4 arrautza, irabiatuta

225 g/8 oz/2 edalontzi arrunta (erabilera guztietarako) irina

5 ml/1 koilarakada lurzoruaren nahasketa (sagar) espezia

175 g/6 oz/1 Kopako sultanak (urrezko mahaspasak)

100 g/4 oz/2/3 kopa mahaspasa

75 g/3 oz/½ Kopako grosella

50 g/2 oz/¼ kopa glacé (konfitatuak) gerezi

50 g/2 oz/1/3 kopa zuritu nahasi (konfitatua).

30 ml/2 koilarakada esnea

12 kandela apaintzeko

Igurtzi gurina edo margarina eta azukrea masa zurbil eta leun batean. Pixkanaka-pixkanaka irabiatu arrautzak, gero tolestu irina, espeziak, fruta eta azala eta nahastu ondo konbinatu arte, behar izanez gero esne pixka bat gehituz nahasketa leun bat lortzeko. Jarri koilarakada koipeztatuta eta forratuta 20 cm/8 cm-ko tarta-ontzi batean eta labean labean jarri 180°C/350°F/gas 4-an 2 orduz, erdian sartutako pintxo bat garbi atera arte. Utzi

Mikrouhin labean sagar tarta

23 cm/9 karratu bat egiten du

100 g/4oz/½ Kopako gurina edo margarina, bigundua

100 g/4oz/½ Kopako azukre marroi biguna

30 ml/2 koilarakada urrezko (arto argia) almibarretan

2 arrautza, arinki irabiatuta

225 g/8 oz/2 edalontzi irina auto-goragarria

10 ml/2 koilarakada behean (sagar) espezie nahasiak

120 ml/4 fl oz/½ kopa esne

2 (tarta) sagar egosi, zuritu, zurtoina eta xerra finetan moztuta

15 ml/1 koilarakada azukre (oso fina).

5 ml/1 koilarakada kanela ehoa

Irabiatu gurina edo margarina, azukre marroia eta almibarretan zurbil eta leun arte. Irabiatu pixkanaka arrautzak. Nahastu irina eta espeziak, gero esnea koherentzia leuna izan arte. Sagarrak irabiatu. Jarri koilara bat koipeztatu eta forratuta dagoen 23 cm/9 mikrouhin-lata biribil batean (hodi-zartagina) eta mikrouhinean jarri 12 minutuz, ezarri arte. Utzi 5 minutuz, gero hankaz gora jarri eta azukrea eta kanela hautseztatu.

Mikrouhin labean sagar tarta

20 cm/8 tarta bat egiten du

100 g/4oz/½ Kopako gurina edo margarina, bigundua

175 g/6 oz/¾ kopa azukre marroi biguna

1 arrautza, arinki irabiatua

175 g/6 oz/1½ edalontzi arrunta (erabilera guztietarako) irina

2,5 ml/½ koilarakada gozogintza hautsa

Gatz pixka bat

2,5 ml / ½ koilarakada beheko pipera

1,5 ml/¼ tsp intxaur muskatu birrindua

1,5 ml/¼ koilarakada ale xehatuta

300 ml/½ puntu/1¼ Kopako gozoki gabeko sagar-saltsa (saltsa)

75 g/3 oz/½ kopa mahaspasa

Igurtzi (gozotegiak) azukrea hautseztatzeko

Gurina edo margarina eta azukre marroia irabiatu arina eta leuna izan arte. Pixkanaka-pixkanaka irabiatu arrautzak, gero nahastu irina, gozogintza hautsa, gatza eta espeziak txandaka sagar saltsarekin eta mahaspasekin. Jarri koilaratxo batean koipeztatu eta irinatutako 20 cm/8 koadroko mikrouhin-plater batean eta mikrouhin-labean jarri 12 minutuz. Utzi hozten ontzi batean, ondoren laukitan moztu eta hautseztatu azukre hautsa.

Sagar eta intxaur pastela mikrouhinean

20 cm/8 tarta bat egiten du

175 g/6 oz/¾ kopa gurina edo margarina, bigundua

100 g/4oz/½ Kopako azukre (oso fina).

3 arrautza, arinki irabiatuta

30 ml/2 koilarakada urrezko (arto argia) almibarretan

Azala birrindua eta 1 limoiaren zukua

175 g/6 oz/1½ edalontzi irina auto-goragarria

50 g/2 oz/½ kopa intxaurrak, txikituta

1 jangarri (postrea) sagar, zuritu, zurtoina eta xerratan moztuta

100 g/4oz/2/3 Kopako azukrea (gozotegiak).

30 ml/2 koilarakada limoi zukua

15 ml/1 koilarakada ur

Dekoraziorako intxaur erdiak

Gurina edo margarina eta azukre hautsa irabiatu arina eta leuna izan arte. Gehitu pixkanaka arrautzak, gero almibarretan, limoi-azala eta zukua. Nahastu irina, fruitu lehorrak txikituta eta sagarra. Jarri koilarakada koipeztatuta dagoen 20 cm/8 mikrouhin-plater biribil batean eta mikrouhinean jarri altuan 4 minutuz. Kendu labetik eta estali paperarekin. Utzi hozten. Nahastu glasa azukrea limoi zukuarekin eta nahikoa ur izoztea (icing) leun bat egiteko. Zabaldu tarta eta apaindu intxaur erdiekin.

Mikrouhin-labean Azenario Tarta

18 cm/7 tarta bat egiten du

100 g/4oz/½ Kopako gurina edo margarina, bigundua

100 g/4oz/½ Kopako azukre marroi biguna

2 arrautza, irabiatuta

Azala birrindua eta 1 laranjaren zukua

2,5 ml/½ koilarakada kanela ehoa

Intxaur muskatu birrindu pixka bat

100 g azenario, birrindua

100 g/4 oz/1 kopa auto-goragarria (auto-goragarria) irina

25 g/1 oz/¼ kopa almendra ehoa

25 g/1oz/2 tbsp azukre (oso fina).

Frosting egiteko:

100 g/4 oz/½ kopa krema gazta

50 g/2 oz/1/3 Kopako azukre hautsa (gozotegia), bahetuta

30 ml/2 koilarakada limoi zukua

Gurina eta azukrea irabiatu masa arin eta leun batean. Pixkanaka-pixkanaka irabiatu arrautzak, gero nahastu laranja zukua eta azala, espeziak eta azenarioak. Nahastu irina, almendrak eta azukrea. Jarri koilaratxo bat koipeztatu eta beteta 18 cm/7-ko diametroa duen pastel-ontzi batean eta estali janari filmarekin (plastikozko filmarekin). Mikrouhinak goian jarri 8 minutuz erdian sartutako pintxo bat garbi atera arte. Kendu filma eta utzi 8 minutuz alanbre-euskarri batera transferitu aurretik hozten amaitzeko. Frosting osagaiak nahastu eta gero hoztutako pastelaren gainean zabaldu.

Mikrouhinen tarta azenario, anana eta fruitu lehorrekin

20 cm/8 tarta bat egiten du

225 g/8oz/1 Kopako azukre (oso fina).

2 arrautza

120 ml/4 fl oz/½ kopa olioa

1,5 ml/¼ koilarakada gatza

5 ml/1 koilaratxo gozogintza soda (soda gozogintza)

100 g/4 oz/1 kopa auto-goragarria (auto-goragarria) irina

5 ml/1 koilarakada kanela ehoa

175 g azenario, birrindua

75 g/3 oz/¾ kopa intxaurrak, txikituta

225 g anana birrindua zukuarekin

Frosting egiteko (frosting):
15 g/½ oz/1 koilarakada gurina edo margarina

50 g/2 oz/¼ kopa krema gazta

10 ml/2 koilarakada limoi zukua

Azukre hautsa (gozotegikoa), bahetuta

Inprimaki biribil handi bat (hodi forma) labeko paperarekin forratu. Irabiatu azukrea, arrautzak eta olioa. Poliki-poliki tolestu osagai lehorrak ondo konbinatu arte. Nahastu gainerako pastelaren osagaiak. Jarri nahasketa prestatutako zartaginean, jarri parrillan edo alderantzizko plakan eta mikrouhinean jarri altuan 13 minutuz edo ezarri arte. Utzi 5 minutuz, eta, gero, jarri alanbre-euskarri batera hozten.

Bitartean, prestatu frostinga. Jarri gurina edo margarina, krema gazta eta limoi zukua ontzi batean eta mikrouhin-labean altuan

30-40 segundoz. Pixkanaka-pixkanaka irabiatu nahikoa azukre-hautsa koherentzia lodi bat sortzeko eta irabiatu leuna izan arte. Tarta hozten denean, zabaldu frostinga.

Mikrouhin-labean saldoa ondua

15 egiten ari da

75 g/3 oz/¾ kopa ale osoak branarekin

250 ml/8 fl oz/1 kopa esne

175 g/6 oz/1½ edalontzi arrunta (erabilera guztietarako) irina

75 g/3 oz/1/3 kopa azukre (oso fina).

10 ml/2 koilarakada gozogintza hautsa

10 ml/2 koilarakada behean (sagar) espezie nahasiak

Gatz pixka bat

60 ml/4 koilarakada urrezko (arto argia) almibarretan

45 ml / 3 koilarakada olioa

1 arrautza, arinki irabiatua

75 g/3 oz/½ kopa mahaspasa

15 ml/1 koilarakada laranja azal birrindua

Beratu zerealak esnetan 10 minutuz. Nahastu irina, azukrea, gozogintza hautsa, espeziak eta gatza eta gero nahastu zerealetan. Nahastu almibarretan, olioa, arrautza, mahaspasak eta laranja azala. Jarri koilara paperezko edalontzietan (edalontzien estalkiak) eta mikrouhinean bost pastel jarri aldi berean 4 minutuz. Errepikatu gainerako pasteletarako.

Gazta tarta banana eta fruta pasioarekin mikrouhinean

23 cm/9 tarta bat egiten du

100 g/4oz/½ Kopako gurina edo margarina, urtua

175 g/6 oz/1½ Kopako jengibre cookie (galleta) apurrak

250 g/9oz/handi 1 kopa krema gazta

175 ml/6 fl oz/¾ kopa garratza (esneki garratza) krema

2 arrautza, arinki irabiatuta

100 g/4oz/½ Kopako azukre (oso fina).

Azala birrindua eta 1 limoiaren zukua

150 ml/¼ pt/2/3 kopa esnegaina

1 banana, xerratan

1 pasio-fruta, txikituta

Nahastu gurina edo margarina eta gaileta apurrak eta sakatu 23 cm/9 mikrouhin labeko plater baten hondoan eta alboetan. Mikrouhinak maila altuan jarri 1 minutuz. Utzi hozten.

> Irabiatu krema gazta eta krema garratza leun arte, eta gero irabiatu arrautzak, azukrea eta limoi zukua eta azala. Koilara oinarrian sartu eta banatu uniformeki. Egosi ertainean 8 minutuz. Utzi hozten.

Irabiatu esnegaina gogortu arte eta gero zabaldu gorputzean. Gehitu banana xerrak eta koilara egin pasioaren mamia.

Laranjazko gazta tarta mikrouhin labean labean

20 cm/8 tarta bat egiten du

50 g/2 oz/¼ kopa gurina edo margarina

12 digestibo (graham crackers), xehatuta

100 g/4oz/½ Kopako azukre (oso fina).

225 g/8 oz/1 kopa krema gazta

2 arrautza

30 ml/2 koilarakada laranja zuku kontzentratua

15 ml/1 koilarakada limoi zukua

150 ml/¼ pt/2/3 kopa garratza (esneki garratza) krema

Gatz pixka bat

1 laranja

30 ml/2 koilarakada abrikot marmelada (egosia)

150 ml/¼ pt/2/3 Kopako krema bikoitza (astuna).

Urtu gurina edo margarina 20 cm/8 mikrouhin-labean babesteko ontzi batean minutu 1ez. Nahastu gaileta apurrak eta 25 g/1oz/2 koilarakada azukre eta sakatu ontziaren hondoan eta alboetan. Garbitu gazta gainerako azukrez eta arrautzekin, gero nahastu laranja eta limoi zukua, krema garratza eta gatza. Jarri koilara ontzian (oskola) eta mikrouhinean jarri altuan 2 minutuz. Utzi 2 minutuz, eta gero mikrouhina altuan beste 2 minutuz. Utzi 1 minutuz, eta gero mikrouhina altuan jarri minutu 1z. Utzi hozten.

Laranja zuritu eta zatiak kendu mintzetik labana zorrotz batekin. Urtu marmelada eta zabaldu gazta tarta gainean. Irabiatu esnegaina gazta tarta ertzean eta ondoren apaindu laranja xerrarekin.

Mikrouhin-labean Anana Gazta Tarta

23 cm/9 tarta bat egiten du

100 g/4oz/½ Kopako gurina edo margarina, urtua

175 g/6 oz/1½ kopa Graham cracker apurrak

250 g/9oz/handi 1 kopa krema gazta

2 arrautza, arinki irabiatuta

5 ml/1 koilarakada limoi azala birrindua

30 ml/2 koilarakada limoi zukua

75 g/3 oz/1/3 kopa azukre (oso fina).

400 g anana kontserba handi, xukatu eta birrindua

150 ml/¼ pt/2/3 Kopako krema bikoitza (astuna).

Nahastu gurina edo margarina eta gaileta apurrak eta sakatu 23 cm/9 mikrouhin labeko plater baten hondoan eta alboetan. Mikrouhinak maila altuan jarri 1 minutuz. Utzi hozten.

> **Irabiatu krema gazta, arrautzak, limoi-azala eta zukua leun arte. Nahasi anana eta nahasi oinarrian. Mikrouhinak ertainean 6 minutuz ezarri arte. Utzi hozten.**

Irabiatu esnegaina gogortu arte eta, ondoren, gazta tarta gainean pilatu.

Gerezi eta intxaur ogia mikrouhin labean

900 g/2lb opil bat egiten du

175 g/6 oz/¾ kopa gurina edo margarina, bigundua

175 g/6 oz/¾ kopa azukre marroi biguna

3 arrautza, irabiatuta

225 g/8 oz/2 edalontzi arrunta (erabilera guztietarako) irina

10 ml/2 koilarakada gozogintza hautsa

Gatz pixka bat

45 ml/3 koilarakada esnea

75 g/3 oz/1/3 kopa glacé (konfitatuak) gerezi

75 g/3 oz/¾ Kopako fruitu lehor nahasi txikituak

25 g/1oz/3 tbsp azukrea (gozotegiak), bahetuta

Gurina edo margarina eta azukre marroia irabiatu arina eta leuna izan arte. Irabiatu pixkanaka arrautzak, gero irina, hautsa eta gatza nahastu. Nahastu nahikoa esne koherentzia leun bat izateko, gero gereziak eta fruitu lehorrak nahastu. Koilara koipeztatu eta forratuta 900 g/2 lb mikrouhin labeko ontzi batean eta azukrea hautseztatu. Mikrouhinak goian jarri 7 minutuz. Utzi 5 minutuz, eta, gero, jarri alanbre-euskarri batera hozten.

Mikrouhin labeko txokolate tarta

18 cm/7 tarta bat egiten du

225 g/8 oz/1 Kopako gurina edo margarina, bigundua

175 g/6oz/¾ Kopako azukre (oso fina).

150 g/5 oz/1¼ kopa auto-goragarria (auto-goragarria) irina

50 g/2 oz/¼ Kopako kakao (goxoki gabeko txokolatea) hautsa

5 ml/1 koilarakada gozogintza hautsa

3 arrautza, irabiatuta

45 ml/3 koilarakada esnea

Osagai guztiak nahastu eta koilaraztea koipeztatu eta forratuta dagoen 18 cm/7 mikrouhin-ontzi batean. Mikrouhinak bizian jarri 9 minutuz, ukipenean sendo egon arte. Utzi ontzian hozten 5 minutuz, eta, ondoren, birrindu erretilu batera hozten amaitzeko.

Mikrouhin labean txokolatezko almendra tarta

20 cm/8 tarta bat egiten du

Tartarako:
100 g/4oz/½ Kopako gurina edo margarina, bigundua

100 g/4oz/½ Kopako azukre (oso fina).

2 arrautza, arinki irabiatuta

100 g/4 oz/1 kopa auto-goragarria (auto-goragarria) irina

50 g/2oz/½ Kopako kakao-hautsa (goxoki gabeko txokolatea).

50 g/2 oz/½ Kopako almendra ehoa

150 ml/¼ pt/2/3 kopa esne

60 ml/4 koilarakada urrezko (arto argia) almibarretan

Frosting egiteko (frosting):
100 g/4 oz/1 kopa txokolate leuna (erdi gozoa).

25 g/1 oz/2 koilarakada gurina edo margarina

8 almendra osorik

Tarta bat egiteko, krematu gurina edo margarina eta azukrea arina eta leuna izan arte. Pixkanaka-pixkanaka arrautzak irabiatu, gero irina eta kakaoa eta gero almendra xehatua. Nahasi esnea eta almibarretan eta irabiatu arina eta leuna izan arte. Jarri koilara 20 cm/8 cm-ko mikrouhin-plater batean paper filmarekin (plastikozko itzulbiratua) eta mikrouhinean jarri altuan 4 minutuz. Kendu labetik, tapa paperarekin estali eta apur bat hozten utzi, gero erretilu batera hozten.

Prestatu frostinga txokolatea eta gurina edo margarina urtuz 2 minutuz. Irabiatu ondo. Erdi busti almendra txokolatean, eta utzi gogortzen koipe-iragazgaitza (argizaria) paper batean. Jarri gainerako frostinga tarta gainean eta zabaldu alboetan eta alboetan. Apaindu almendraz eta utzi.

Mikrouhin labean txokolate txip bikoitza

8 egiten ditu

150 g/5 oz/1 ¼ kopa txokolate leuna (erdi gozoa), txikituta

75 g/3 oz/1/3 kopa gurina edo margarina

175 g/6 oz/¾ kopa azukre marroi biguna

2 arrautza, arinki irabiatuta

150 g/5 oz/1 ¼ kopa (erabilera guztietarako) irina

2,5 ml/½ koilarakada gozogintza hautsa

2,5 ml/½ koilarakada bainila esentzia (estraktua)

30 ml/2 koilarakada esnea

Urtu 50 g/2 oz/½ kopa txokolate gurina edo margarinarekin altuan 2 minutuz. Irabiatu azukrea eta arrautzak, gero irina, gozogintza hautsa, banilla esentzia eta esnea leun arte. Jarri koilaratxo bat koipeztatuta dagoen 20 cm/8 koadroko mikrouhin-plater batean eta mikrouhinean jarri altuan 7 minutuz. Utzi hozten ontzian 10 minutuz. Urtu gainerako txokolatea altuan 1 minutuz, gero tarta gainean zabaldu eta hozten utzi. Laukietan moztu.

Mikrouhin laberako txokolate-datilak

8 egiten ditu

50 g/2 oz/1/3 Kopako datilak, txikituta

60 ml/4 koilarakada ur irakinetan

65 g/2½ oz/1/3 Kopako gurina edo margarina, bigundua

225 g/8oz/1 Kopako azukre (oso fina).

1 arrautza

100 g/4 oz/1 Kopako irina arrunta (erabilera guztietarako).

10 ml/2 koilaratxo kakao-hautsa (txokolate gozoa).

2,5 ml/½ koilarakada gozogintza hautsa

Gatz pixka bat

25 g/1 oz/¼ kopa txikitutako fruitu lehor nahasiak

100 g/4 oz/1 Kopako txokolate leuna (erdi gozoa), fin-fin txikituta

Nahastu datak ur irakinarekin eta utzi hozten. Gurina edo margarina azukre erdiarekin irabiatu arina eta leuna izan arte. Pixkanaka-pixkanaka irabiatu arrautzak, gero txandaka irina, kakaoa, hautsa eta gatza eta dattilaren nahasketa. Jarri koilara koipeztatu eta irinatutako mikrouhin-ontzi batean 20 cm/8-ko diametroa duen ontzi karratu batean. Gainerako azukrea fruitu lehorrak eta txokolatearekin nahastu eta gainetik hautseztatu, sueztituz. Mikrouhinak goian jarri 8 minutuz. Utzi hozten ontzi batean laukitan moztu aurretik.

Mikrouhin-labean txokolate karratuak

16 urte beteko ditu

Tartarako:

50 g/2 oz/¼ kopa gurina edo margarina

5 ml/1 koilaratxo azukre hauts (oso fina).

75 g/3 oz/¾ kopa irina arrunta (erabilera guztietarako).

1 arrautza gorringoa

15 ml/1 koilarakada ur

175 g/6oz/1½ kopa txokolate leuna (erdi gozoa), birrindua edo fin-fin txikituta

Frosting egiteko:

50 g / 2 oz / ¼ Kopako gurina edo margarina

50 g/2oz/¼ Kopako azukre (oso fina).

1 arrautza

2,5 ml/½ koilarakada bainila esentzia (estraktua)

100 g/4 oz/1 kopa intxaurrak, txikituta

Bigundu gurina edo margarina tartarako eta gehitu azukrea, irina, arrautza-gorringoa eta ura. Zabaldu nahasketa uniformeki 20 cm/8 koadroko mikrouhin-plater batean eta mikrouhin maila altuan labean 2 minutuz. Txokolatearekin eta mikrouhin-labearekin hautseztatu altua minutu 1ez. Zabaldu uniformeki oinarrian eta utzi ezarri arte.

Frostinga egiteko, mikrouhin gurina edo margarina altuan jarri 30 segundoz. Glazea egiteko gainerako osagaiak nahastu eta txokolatearen gainean zabaldu. Mikrouhinak goian jarri 5 minutuz. Hozten utzi eta gero laukitan moztu.

Kafe tarta azkarra mikrouhinean

19 cm/7 tarta bat egiten du

Tartarako:

225 g/8 oz/1 Kopako gurina edo margarina, bigundua

225 g/8oz/1 Kopako azukre (oso fina).

225 g/8 oz/2 edalontzi irina auto-goragarria

5 arrautza

45 ml/3 koilarakada kafe esentzia (estraktua)

Frosting egiteko (frosting):

30 ml/2 koilarakada kafe esentzia (estraktua)

175 g/6 oz/¾ kopa gurina edo margarina

Azukre hautsa (gozotegikoa), bahetuta

Dekoraziorako intxaur erdiak

Nahastu pastelaren osagai guztiak ondo konbinatu arte. Banatu 19 cm/7 bi mikrouhin-ontzitan eta egosi bakoitza 5-6 minutuz. Mikrouhin labetik atera eta hozten utzi.

Glazea egiteko osagaiak nahastu, gozotu azukre hautsarekin dastatzeko. Hoztu ondoren, estali pastelak frosting erdiarekin eta gainontzekoa zabaldu. Apaindu intxaur erdiekin.

Mikrouhin labean Gabonetako pastela

23 cm/9 tarta bat egiten du

150 g/5oz/2/3 kopa gurina edo margarina, bigundua

150 g/5oz/2/3 kopa azukre marroi biguna

3 arrautza

30 ml/2 koilarakada blackstrap melaza (melaza)

225 g/8 oz/2 edalontzi irina auto-goragarria

10 ml/2 koilarakada behean (sagar) espezie nahasiak

2. 5 ml/½ koilarakada intxaur muskatu birrindua

2,5 ml/½ tsp bicarbonato de sodio (soda gozogintza)

450 g/1lb/22/3 edalontzi nahastutako fruitu lehorrak (fruta tarta nahasketa)

50 g/2 oz/¼ kopa glacé (konfitatuak) gerezi

50 g/2 oz/1/3 kopa azala nahasi txikitua

50 g/2 oz/½ Kopako fruitu lehor nahasi txikituak

30 ml/2 koilarakada brandy

Tarta zahartzeko brandy gehigarria (aukerakoa)

Gurina edo margarina eta azukrea irabiatu arina eta leuna izan arte. Irabiatu pixkanaka arrautzak eta melaza, gero irina, espeziak eta bicarbonatoa irabiatu. Nahastu poliki-poliki fruta, nahastutako azala eta fruitu lehorrak, eta gero brandy-a irabiatu. Jarri koilaratxo bat 23 cm/9 mikrouhin-plater batean esterilla batekin eta mikrouhin-behean jarri 45-60 minutuz. Utzi ontzian hozten 15 minutuz alanbre-euskarri batera transferitu aurretik hozten amaitzeko.

Hoztu ondoren, bildu pastela paperean eta gorde leku fresko eta ilun batean 2 astez. Nahi izanez gero, zulatu opilaren gaina hainbat aldiz pintxo mehe batekin eta birrindu brandy apur batekin, ondoren birpasatu eta gorde pastela. Hainbat aldiz egin dezakezu tarta aberatsagoa sortzeko.

Mikrouhin labean tarta apurrearekin

20 cm/8 tarta bat egiten du

300 g/10 oz/1 ¼ kopa azukre (oso fina).

225 g/8 oz/2 edalontzi arrunta (erabilera guztietarako) irina

10 ml/2 koilarakada gozogintza hautsa

5 ml/1 koilarakada kanela ehoa

100 g/4oz/½ Kopako gurina edo margarina, bigundua

2 arrautza, arinki irabiatuta

100 ml/3½ fl oz/6½ koilarakada esnea

Nahastu azukrea, irina, gozogintza hautsa eta kanela. Nahastu gurina edo margarina, gero nahasketaren laurdena alde batera utzi. Arrautzak eta esnea nahastu eta pastelaren nahasketaren zati handiena irabiatu. Jarri nahasketa koipeztatu eta irinatutako 20 cm/8 mikrouhin labeko ontzi batean eta hautseztatu gordetako apurrak. Mikrouhinak goian jarri 10 minutuz. Utzi hozten ontzi batean.

Mikrouhinen datu-bideak

12 egiten ditu

150 g/5 oz/1¼ kopa auto-goragarria (auto-goragarria) irina

175 g/6oz/¾ Kopako azukre (oso fina).

100 g/4 oz/1 kopa koko lehortua (birrindua).

100 g/4 oz/2/3 kopa datil zulotuak, txikituta

50 g/2 oz/½ Kopako fruitu lehor nahasi txikituak

100 g/4oz/½ Kopako gurina edo margarina, urtua

1 arrautza, arinki irabiatua

Igurtzi (gozotegiak) azukrea hautseztatzeko

Nahastu osagai lehorrak. Nahastu gurina edo margarina eta arrautzak eta nahastu ore gogor batean. Sakatu 20 cm/8 koadroko mikrouhin-plater baten oinarrian eta mikrouhin ertainean 8 minutuz ezarri arte. Utzi ontzian 10 minutuz, gero barratan moztu eta hozten jarri alanbre-euskarri batera.

Mikrouhin-laburreko piku-ogia

675 g/1½ lb opil bat egiten du

100 g/4 oz/2 kopa bran

50 g/2 oz/¼ kopa azukre marroi biguna

45 ml/3 koilarakada ezti purua

100 g/4 oz/2/3 kopa piku lehorrak, txikituta

50 g/2 oz/½ kopa hur, txikituta

300 ml/½ puntu/1¼ kopa esne

100 g/4 oz/1 kopa gari osoa (gari osoa) irina

10 ml/2 koilarakada gozogintza hautsa

Gatz pixka bat

Nahastu osagai guztiak ore gogor batean. Eman mikrouhin labeko zartagin batean eta berdindu azalera. Egosi goian 7 minutuz. Utzi hozten ontzian 10 minutuz, eta, ondoren, birrindu erretilu batera hozten amaitzeko.

Mikrouhin-labeak

24 egiten ari da

175 g/6 oz/¾ kopa gurina edo margarina, bigundua

50 g/2oz/¼ Kopako azukre (oso fina).

50 g/2 oz/¼ kopa azukre marroi biguna

90 ml/6 koilarakada urrezko (arto argia) almibarretan

Gatz pixka bat

275 g/10 oz/2 ½ edalontzi ijetzitako oloa

Konbinatu gurina edo margarina eta azukrea ontzi handi batean eta egosi 1 minutuz. Gehitu gainerako osagaiak eta ondo nahastu. Jarri nahasketa koipeztatuta dagoen 18 cm/7 mikrouhin-ontzi batean eta sakatu arinki. Egosi goian 5 minutuz. Utzi pixka bat hozten eta gero laukietan moztu.

Mikrouhin labean fruta pastela

18 cm/7 tarta bat egiten du

175 g/6 oz/¾ kopa gurina edo margarina, bigundua

175 g/6oz/¾ Kopako azukre (oso fina).

Limoi 1aren azala birrindua

3 arrautza, irabiatuta

225 g/8 oz/2 edalontzi arrunta (erabilera guztietarako) irina

5 ml/1 koilarakada lurzoruaren nahasketa (sagar) espezia

225 g/8 oz/11/3 edalontzi mahaspasa

225 g/8 oz/11/3 edalontzi sultanak (urrezko mahaspasak)

50 g/2 oz/¼ kopa glacé (konfitatuak) gerezi

50 g/2 oz/½ Kopako fruitu lehor nahasi txikituak

15 ml/1 koilarakada urrezko (arto argia) almibarretan

45 ml/3 koilarakada brandy

Igurtzi gurina edo margarina eta azukrea masa arin eta leun batean. Irabiatu limoi-azala eta pixkanaka irabiatu arrautzak. Nahastu irina eta espeziak, ondoren gainerako osagaiak nahastu. Koilara koipeztatu eta forratuta dagoen 18 cm/7 mikrouhin-plater biribil batean sartu eta mikrouhinak 35 minutuz, erdian sartutako pintxo bat garbi atera arte. Utzi hozten ontzian 10 minutuz, eta, ondoren, birrindu erretilu batera hozten amaitzeko.

Mikrouhin-labean fruta eta koko karratuak

8 egiten ditu

50 g/2 oz/¼ kopa gurina edo margarina

9 digestibo (graham crackers), xehatuta

50 g/2 oz/½ kopa koko lehortua (birrindua).

100 g/4 oz/2/3 kopa zuritu nahasi (konfitatua).

50 g/2 oz/1/3 Kopako datilak, txikituta

15 ml/1 koilarakada irina arrunta (erabilera guztietarako).

25 g/1 oz/2 koilarakada glacé (konfitatuak) gerezi, txikituta

100 g/4 oz/1 kopa intxaurrak, txikituta

150 ml/¼ pt/2/3 kopa esne kondentsatua

Urtu gurina edo margarina 20 cm/8 cm-ko mikrouhin-ontzi batean 40 segundoz altuan. Nahastu cookie-apurrak eta zabaldu uniformeki ontziaren hondoan. Kokoarekin hautseztatu eta gero nahastutako azala. Datilak irina, gerezi eta fruitu lehorrak nahastu eta gainean hautseztatu eta esnez estali. Mikrouhinak goian jarri 8 minutuz. Utzi hozten ontzi batean, gero laukitan moztu.

Mikrouhin labeko fudge tarta

20 cm/8 tarta bat egiten du

150 g/5 oz/1 ¼ kopa (erabilera guztietarako) irina

5 ml/1 koilarakada gozogintza hautsa

Soda pixka bat (soda gozogintza)

Gatz pixka bat

300 g/10 oz/1 ¼ kopa azukre (oso fina).

50 g/2 oz/¼ Kopako gurina edo margarina, bigundua

250 ml/8 fl oz/1 kopa esne

Banila esentzia tanta batzuk (estraktua)

1 arrautza

100 g/4 oz/1 kopa txokolate leuna (erdi gozoa), txikituta

50 g / 2 oz / ½ Kopako fruitu lehor nahasi txikituak

Txokolatezko gurin krema frostinga

Nahastu irina, gozogintza hautsa, bicarbonatoa eta gatza. Irabiatu azukrea, gero irabiatu gurina edo margarina, esnea eta bainila esentzia leun arte. Irabiatu arrautzak. Berotu txokolatearen hiru laurdenak mikrouhin labean 2 minutuz urtu arte, eta gero tarta nahasketara tolestu kremartsua izan arte. Irabiatu fruitu lehorrak. Jarri nahasketa koipeztatu eta irinatutako 20 cm/8 mikrouhin-ontzitan eta mikrouhin bakoitza bereizita 8 minutuz. Kendu labetik, estali paperarekin eta utzi hozten 10 minutuz, eta, ondoren, birrindu erretilu batera hozten. Ogitartekoa gurin-kremaren (frosting) erdiarekin batera, zabaldu gainerako frostinga eta apaindu gordetako txokolatearekin.

Mikrouhin-labean gingerbread

20 cm/8 tarta bat egiten du

50 g/2 oz/¼ kopa gurina edo margarina

75 g/3 oz/¼ kopa melaza (melaza)

15 ml/1 koilarakada azukre (oso fina).

100 g/4 oz/1 Kopako irina arrunta (erabilera guztietarako).

5 ml/1 koilarakada jengibre xehatua

2,5 ml/½ koilarakada nahastuta (sagar tarta) espeziak

2,5 ml/½ tsp bicarbonato de sodio (soda gozogintza)

1 arrautza, irabiatua

Jarri gurina edo margarina ontzi batean eta mikrouhinean altuan 30 segundoz. Nahastu melaza almibarretan eta azukrea eta mikrouhinean altuan minutu 1ez. Nahastu irina, espeziak eta gozogintza soda. Irabiatu arrautzak. Jarri nahasketa koipeztatutako 1,5 litro/2 ½ pinta/6 kopa ontzi batean eta mikrouhinean jarri altuan 4 minutuz. Utzi ontzian hozten 5 minutuz, eta, gero, jarri alanbre-euskarri batera hozten amaitzeko.

Mikrouhin-labean jengibre makilak

12 egiten ditu

Tartarako:

150 g/5oz/2/3 kopa gurina edo margarina, bigundua

50 g/2oz/¼ Kopako azukre (oso fina).

100 g/4 oz/1 Kopako irina arrunta (erabilera guztietarako).

2,5 ml/½ koilarakada gozogintza hautsa

5 ml/1 koilarakada jengibre xehatua

Frosting egiteko:

15 g/½ oz/1 koilarakada gurina edo margarina

15 ml/1 koilarakada urrezko (arto argia) almibarretan

Banila esentzia tanta batzuk (estraktua)

5 ml/1 koilarakada jengibre xehatua

50 g/2 oz/1/3 kopa (gozotegiak) azukre

Tarta bat egiteko, krematu gurina edo margarina eta azukrea arina eta leuna izan arte. Nahastu irina, gozogintza hautsa eta jengibrea eta nahastu ore leun batean. Sakatu 20 cm/8 koadroko mikrouhin-plater batean eta mikrouhinen gainean jarri 6 minutuz ezarri arte.

Frostinga gurina edo margarina eta almibarretan urtuz prestatzen duzu. Nahastu bainila esentzia, jengibrea eta azukre hautsa eta irabiatu lodi arte. Zabaldu uniformeki tarta epelean. Utzi hozten ontzi batean, gero barra edo karratuetan moztu.

Urrezko tarta mikrouhin labetik

20 cm/8 tarta bat egiten du

Tartarako:

100 g/4oz/½ Kopako gurina edo margarina, bigundua

100 g/4oz/½ Kopako azukre (oso fina).

2 arrautza, arinki irabiatuta

Banila esentzia tanta batzuk (estraktua)

225 g/8 oz/2 edalontzi arrunta (erabilera guztietarako) irina

10 ml/2 koilarakada gozogintza hautsa

Gatz pixka bat

60 ml/4 koilarakada esne

Frosting egiteko (frosting):

50 g/2 oz/¼ Kopako gurina edo margarina, bigundua

100 g/4oz/2/3 Kopako azukrea (gozotegiak).

Banila esentzia tanta batzuk (estraktua) (aukerakoa)

Tarta bat egiteko, krematu gurina edo margarina eta azukrea arina eta leuna izan arte. Irabiatu pixkanaka arrautzak, gero irina, hautsa eta gatza nahastu. Nahastu nahikoa esne koherentzia biguna eta tantaka egiteko. Jarri mikrouhin-labean koipeztatu eta irinatutako bi ontzitan eta tarta bakoitza bereizita labean 6 minutuz. Kendu labetik, estali paperarekin eta utzi hozten 5 minutuz, eta, ondoren, birrindu erretilu batera hozten.

Frostinga egiteko, irabiatu gurina edo margarina bigundu arte, eta gero irabiatu azukre hautsa eta bainila esentzia, nahi izanez gero. Estali pastelak frosting erdiarekin eta zabaldu gainerakoa.

Mikrouhin labeko ezti eta hur pastela

18 cm/7 tarta bat egiten du

150 g/5oz/2/3 kopa gurina edo margarina, bigundua

100 g/4oz/½ Kopako azukre marroi biguna

45 ml/3 koilarakada ezti purua

3 arrautza, irabiatuta

225 g/8 oz/2 edalontzi irina auto-goragarria

100 g/4 oz/1 kopa hur ehoa

45 ml/3 koilarakada esnea

Gurina izoztea

Gurina edo margarina, azukrea eta eztia irabiatu arina eta leuna izan arte. Irabiatu pixkanaka arrautzak, gero irina eta hurrak eta nahikoa esne koherentzia biguna izateko. Jarri 18 cm/7 mikrouhin-plater batean eta egosi 7 minutuz ertainean. Utzi ontzian hozten 5 minutuz, eta, ondoren, birrindu erretilu batera hozten amaitzeko. Moztu pastela erditik horizontalean eta, gero, zabaldu gurin-krema izoztea (icing).

Mikrouhin laberako muesli barra mastekagarriak

10 inguru egiten ditu

100 g/4oz/½ Kopako gurina edo margarina

175 g/6 oz/½ kopa ezti arrunta

50 g/2 oz/1/3 kopa prest egindako abrikot lehorrak, txikituta

50 g/2 oz/1/3 Kopako datilak, txikituta

75 g/3 oz/¾ Kopako fruitu lehor nahasi txikituak

100 g/4 oz/1 kopa olo ijetziak

100 g/4oz/½ Kopako azukre marroi biguna

1 arrautza, irabiatua

25 g/1 oz/2 koilarakada irina auto-goragarria

Jarri gurina edo margarina eta eztia ontzi batean eta egosi 2 minutuz. Nahastu gainerako osagai guztiak. Jarri 20 cm/8 cm-ko mikrouhin labeko ontzi batean eta mikrouhin-labean jarri 8 minutuz. Utzi apur bat hozten eta gero lauki edo xerratan moztu.

Mikrouhin labeko intxaur pastela

20 cm/8 tarta bat egiten du

150 g/5 oz/1 ¼ kopa (erabilera guztietarako) irina

Gatz pixka bat

5 ml/1 koilarakada kanela ehoa

75 g/3 oz/1/3 kopa azukre marroi biguna

75 g/3 oz/1/3 kopa azukre (oso fina).

75 ml / 5 koilarakada olioa

25 g/1 oz/¼ kopa intxaurrak, txikituta

5 ml/1 koilarakada gozogintza hautsa

2,5 ml/½ tsp bicarbonato de sodio (soda gozogintza)

1 arrautza

150 ml/¼ pt/2/3 kopa esne garratza

Nahastu irina, gatza eta kanela erdia. Nahastu azukrea, ondoren olioa ondo konbinatu arte. Atera nahasketatik 90 ml/6 tbsp eta nahastu fruitu lehorrak eta gainerako kanela. Gehitu gozogintza hautsa, bicarbonatoa, arrautzak eta esnea nahasketa gehienari eta irabiatu leun arte. Jarri nahasketa nagusia 20 cm-ko/8 mikrouhin-lata batean koipeztatu eta irineztatuta eta hautseztatu intxaur-nahasketa gainean. Mikrouhinak goian jarri 8 minutuz. Utzi hozten ontzian 10 minutuz eta zerbitzatu epela.

Mikrouhin laranja pastela

20 cm/8 tarta bat egiten du

250 g/9oz/2¼ edalontzi arrunta (erabilera guztietarako) irina

225 g/8 oz/1 Kopako azukre granulatua

15 ml/1 koilarakada gozogintza hautsa

2,5 ml/½ koilarakada gatza

60 ml/4 koilarakada olioa

250 ml/8 fl oz/2 edalontzi laranja zukua

2 arrautza, bereizita

100 g/4oz/½ Kopako azukre (oso fina).

Laranja gurin krema izoztea

Glaze laranja Glacé

Nahastu irina, azukrea, gozogintza hautsa, gatza, olioa eta laranja-zukuaren erdia eta irabiatu ondo konbinatu arte. Irabiatu arrautza gorringoak eta gainerako laranja-zukua arina eta leuna izan arte. Irabiatu zuringoak gogortu arte, gehitu azukre hautsaren erdia eta irabiatu lodi eta distiratsu arte. Gainerako azukrea nahasi eta arrautza zuringoak pastelaren nahasketara tolestu. Jarri koilaratxo koipeztatu eta irinatutako 20 cm/8 mikrouhin-ontzitan eta mikrouhin bakoitza bereizita potentzia handian 6-8 minutuz. Kendu labetik, estali paperarekin eta utzi hozten 5 minutuz, eta, ondoren, birrindu erretilu batera hozten. Estali pastelak laranjazko gurin-krema izoztearekin (glaz) eta zabaldu laranjazko glazearekin.

Pavlova mikrouhin labea

23 cm/9 tarta bat egiten du

4 arrautza zuringoa

225 g/8oz/1 Kopako azukre (oso fina).

2,5 ml/½ koilarakada bainila esentzia (estraktua)

Ardo ozpin tanta batzuk

150 ml/¼ pt/2/3 kopa esnegaina

1 kiwi, xerratan

100 g marrubi xerratan moztuta

Arrautza zuringoak irabiatu gailur bigunak sortu arte. Azukre erdia hautseztatu eta ondo irabiatu. Gehitu pixkanaka gainerako azukrea, bainila esentzia eta ozpina eta irabiatu desegin arte. Jarri nahasketa labeko paperaren gainean 23 cm/9 zirkulu batean. Mikrouhinak goian jarri 2 minutuz. Utzi mikrouhinean atea irekita 10 minutuz. Kendu labetik, kendu estalkiko papera eta utzi hozten. Irabiatu esnegaina gogortu arte eta zabaldu merengearen gainean. Jarri fruitua era erakargarrian gainean.

Mikrouhinen tarta

20 cm/8 tarta bat egiten du

225 g/8 oz/2 edalontzi arrunta (erabilera guztietarako) irina

15 ml/1 koilarakada gozogintza hautsa

50 g/2oz/¼ Kopako azukre (oso fina).

100 g/4oz/½ Kopako gurina edo margarina

75 ml/5 koilarakada krema bakarra (arna).

1 arrautza

Nahastu irina, gozogintza hautsa eta azukrea, gero gurina edo margarina igurtzi nahasketa ogi birrindua izan arte. Nahastu esnegaina eta arrautzak elkarrekin, gero irin-nahasketarekin ore malgu bat osatu arte. Sakatu koipeztatuta dagoen 20 cm/8 koipeztatuta dagoen mikrouhin-plater batean eta mikrouhinean jarri altuan 6 minutuz. Utzi 4 minutuz, gero irten eta hozten amaitu erretilu batean.

Mikrouhin labean marrubi tarta

20 cm/8 tarta bat egiten du

900g/2lb marrubiak, xerra lodietan

225 g/8oz/1 Kopako azukre (oso fina).

225 g/8 oz/2 edalontzi arrunta (erabilera guztietarako) irina

15 ml/1 koilarakada gozogintza hautsa

175 g/6 oz/¾ kopa gurina edo margarina

75 ml/5 koilarakada krema bakarra (arna).

1 arrautza

150 ml/¼ pt/2/3 Kopako krema bikoitza (astua), harrotua

Nahastu marrubiak 175 g/6oz/¾ kopa azukrearekin, eta hozkailuan gutxienez ordubetez.

Nahastu irina, gozogintza-hautsa eta gainerako azukrea, gero igurtzi 100 g/4oz/½ Kopako gurina edo margarina nahasketa ogi birrindua izan arte. Nahastu esnegaina eta arrautzak, gero irin-nahasketarekin ore leun bat izan arte. Sakatu koipeztatuta dagoen 20 cm/8 koipeztatuta dagoen mikrouhin-plater batean eta mikrouhinean jarri altuan 6 minutuz. Utzi egonean 4 minutuz, gero atera eta zatitu erdian oraindik epel dagoen bitartean. Utzi hozten.

Ebakitzeko gainazal biak garbitu gainerako gurinarekin edo margarinarekin. Zabaldu esnegainaren heren bat oinarrian eta ondoren marrubien hiru laurdenekin estali. Zabaldu esnegainaren beste herena eta jarri gainean bigarren pastela. Gainean gainerako krema eta marrubiekin.

Mikrouhin labean bizkotxoa

18 cm/7 tarta bat egiten du

150 g/5 oz/1¼ kopa auto-goragarria (auto-goragarria) irina

100 g/4oz/½ Kopako gurina edo margarina

100 g/4oz/½ Kopako azukre (oso fina).

2 arrautza

30 ml/2 koilarakada esnea

Irabiatu osagai guztiak leun arte. Jarri koilara 18 cm/7 mikrouhin-ontzi batean esterilla batekin eta mikrouhin ertainean 6 minutuz. Utzi ontzian hozten 5 minutuz, eta, ondoren, birrindu erretilu batera hozten amaitzeko.

Sultana mikrouhin tabernak

12 egiten ditu

175 g/6 oz/¾ kopa gurina edo margarina

100 g/4oz/½ Kopako azukre (oso fina).

15 ml/1 koilarakada urrezko (arto argia) almibarretan

75 g/3 oz/½ kopa sultanak (urrezko mahaspasak)

5 ml/1 koilarakada limoi azala birrindua

225 g/8 oz/2 edalontzi irina auto-goragarria

                        Frosting egiteko (frosting):
175 g/6 oz/1 Kopako azukrea (gozotegiak).

30 ml/2 koilarakada limoi zukua

Berotu gurina edo margarina, azukre hautsa eta almibarretan mikrouhin labean 2 minutuz. Irabiatu sultanak eta limoi-azala. Nahasi irina. Jarri koilara bat koipeztatu eta forratuta dagoen 20 cm/8 koadroko mikrouhin-plater batean eta mikrouhinean jarri 8 minutuz ezarri arte. Utzi pixka bat hozten.

Ontzi batean azukrea hautsa jarri eta erdian putzu bat egin. Pixkanaka-pixkanaka nahastu limoi-zukua glaze leun bat sortzeko. Oraindik epel dagoenean, zabaldu tarta gainean eta, ondoren, utzi guztiz hozten.

Mikrouhin laberako txokolate txip cookieak

24 egiten ari da

225 g/8 oz/1 Kopako gurina edo margarina, bigundua

100 g/4oz/½ Kopako azukre marroi iluna

5 ml/1 koilarakada bainila esentzia (estraktua)

225 g/8 oz/2 edalontzi irina auto-goragarria

50 g/2oz/½ kopa txokolate hautsa edateko

Gurina, azukrea eta bainila esentzia irabiatu arina eta leuna izan arte. Nahastu pixkanaka irina eta txokolatea eta nahastu ore leun batean. Eman intxaur-tamainako bolatxoak, jarri sei koipeztatutako cookie-orri batean mikrouhinean eta berdindu apur bat sardexka batekin. Mikrouhin lote bakoitza 2 minutuz cookie guztiak egosi arte. Utzi hozten erretilu batean.

Mikrouhin-labean Koko Cookieak

24 egiten ari da

50 g/2 oz/¼ Kopako gurina edo margarina, bigundua

75 g/3 oz/1/3 kopa azukre (oso fina).

1 arrautza, arinki irabiatua

2,5 ml/½ koilarakada bainila esentzia (estraktua)

75 g/3 oz/¾ kopa irina arrunta (erabilera guztietarako).

25 g/1 oz/¼ kopa koko lehortua (birrindua).

Gatz pixka bat

30 ml/2 koilarakada marrubi marmelada (egosia)

Gurina edo margarina eta azukrea irabiatu arina eta leuna izan arte. Nahastu arrautzak eta bainila esentzia txandaka irinarekin, kokoarekin eta gatzarekin eta nahastu ore leun batean. Eman intxaur-tamainako bolatxoak eta jarri sei aldi berean koipeztaturiko (cookie) labeko xafla batean mikrouhin-labean, gero sardexka batekin arinki zapaldu apur bat berdintzeko. Mikrouhinak altuan jarri 3 minutuz sendo arte. Jarri alanbre-euskarri batera eta jarri marmelada koilarakada bat gaileta bakoitzaren erdian. Errepikatu gainerako cookieekin.

Mikrouhin-labea Florentinak

12 egiten ditu

50 g/2 oz/¼ kopa gurina edo margarina

50 g/2oz/¼ kopa demerara azukre

15 ml/1 koilarakada urrezko (arto argia) almibarretan

50 g/2 oz/¼ kopa glacé (konfitatuak) gerezi

75 g/3 oz/¾ kopa intxaurrak, txikituta

25 g/1 oz/3 koilarakada sultanak (urrezko mahaspasak)

25 g/1 oz/¼ Kopako almendra xerratuta

30 ml/2 koilarakada zuritu nahasi (konfitatu) txikituta

25 g/1 oz/¼ kopa arrunta (erabilera guztietarako) irina

100 g/4 oz/1 kopa txokolate leuna (erdi gozoa), hautsita (aukerakoa)

Berotu gurina edo margarina, azukrea eta almibarretan mikrouhinean minutu 1 urtu arte. Nahastu gereziak, intxaurrak, sultanak eta almendrak, gero nahasi konbinatutako zestoa eta irina. Jarri nahasketa koilarakada, ondo bereizita, paper koipetsua (argizaria) eta egosi lauko loteetan High gainean 1,5 minutuz lote bakoitzean. Leundu ertzak aizto batekin, utzi paperean 3 minutuz hozten, eta, gero, alanbre-euskarri batera eraman hozten amaitzeko. Errepikatu gainerako cookieekin. Nahi izanez gero, urtu txokolatea ontzi batean 30 segundoz eta zabaldu florentinoen alde batean, ondoren ezartzen utzi.

Intxaur eta gerezi cookieak mikrouhinean

24 egiten ari da

100 g/4oz/½ Kopako gurina edo margarina, bigundua

100 g/4oz/½ Kopako azukre (oso fina).

1 arrautza, irabiatua

175 g/6 oz/1½ edalontzi arrunta (erabilera guztietarako) irina

50 g/2 oz/½ kopa hur ehoa

100 g/4 oz/½ kopa glacé (konfitatuak) gerezi

Gurina edo margarina eta azukrea irabiatu arina eta leuna izan arte. Irabiatu pixkanaka arrautzak, gero irina, hurrak eta gereziak nahastu. Jarri koilarakada uniformeki banatuta mikrouhin-labeko cookie-orrietan eta jarri mikrouhineko zortzi cookie aldi berean 2 minutu inguru sendo arte.

Sultana mikrouhin-labeko cookieak

24 egiten ari da

225 g/8 oz/2 edalontzi arrunta (erabilera guztietarako) irina

5 ml/1 koilarakada lurzoruaren nahasketa (sagar) espezia

175 g/6 oz/¾ kopa gurina edo margarina, bigundua

100 g/4 oz/2/3 kopa sultana (urrezko mahaspasak)

175 g/6oz/¾ kopa demerara azukre

Nahastu irina eta nahastutako espeziak, ondoren, irabiatu gurina edo margarina, sultanak eta 100 g/4oz/½ Kopako azukre ore leun bat egiteko. 18 cm/7 inguruko luzera duten bi txistorra formatan sartu eta gainontzeko azukrearekin estali. Ebaki xerratan eta jarri sei gaileta koipeztatu batean eta mikrouhinean 2 minutuz goian. Utzi hozten erretilu batean eta errepikatu gainerako cookieekin.

Mikrouhinean labeko platano-ogia

450 g/1lb opil bat egiten du

75 g/3 oz/1/3 kopa gurina edo margarina, bigundua

175 g/6oz/¾ Kopako azukre (oso fina).

2 arrautza, arinki irabiatuta

200 g/7oz/1¾ kopa irina arrunta (erabilera guztietarako).

10 ml/2 koilarakada gozogintza hautsa

2,5 ml/½ tsp bicarbonato de sodio (soda gozogintza)

Gatz pixka bat

2 platano helduak

15 ml/1 koilarakada limoi zukua

60 ml/4 koilarakada esne

50 g/2 oz/½ kopa intxaurrak, txikituta

Gurina edo margarina eta azukrea irabiatu arina eta leuna izan arte. Irabiatu pixkanaka arrautzak, gero irina, hautsa, bicarbonatoa eta gatza nahastu. Platanoak birrindu limoi zukuarekin eta gero nahastu esne eta intxaur nahasketarekin. Koilara koipeztatu eta irinatutako 450 g/1lb mikrouhin-lapiko ontzi batean (zartagin) eta mikrouhinean jarri altuan 12 minutuz. Kendu labetik, estali paperarekin eta utzi hozten 10 minutuz, eta, ondoren, birrindu erretilu batera hozten.

Mikrouhin labean gazta ogia

450 g/1lb opil bat egiten du

50 g/2 oz/¼ kopa gurina edo margarina

250 ml/8 fl oz/1 kopa esne

2 arrautza, arinki irabiatuta

225 g/8 oz/2 edalontzi arrunta (erabilera guztietarako) irina

10 ml/2 koilarakada gozogintza hautsa

10 ml/2 koilarakada mostaza hautsa

2,5 ml/½ koilarakada gatza

175 g/6 oz/1½ kopa Cheddar gazta, birrindua

Urtu gurina edo margarina ontzi txiki batean 1 minutuz. Nahasi esnea eta arrautzak. Nahastu irina, gozogintza hautsa, mostaza, gatza eta 100 g/4oz/1 kopa gazta. Nahastu esne nahasketa ondo konbinatu arte. Jarri mikrouhin-ontzi batean (zartagin) eta mikrouhinean altuan jarri 9 minutuz. Gainerako gazta hautseztatu, aluminio paperarekin estali eta 20 minutuz utzi.

Intxaur ogia mikrouhin laberako

450 g/1lb opil bat egiten du

225 g/8 oz/2 edalontzi arrunta (erabilera guztietarako) irina

300 g/10 oz/1 ¼ kopa azukre (oso fina).

5 ml/1 koilarakada gozogintza hautsa

Gatz pixka bat

100 g/4oz/½ Kopako gurina edo margarina, bigundua

150 ml/¼ pt/2/3 kopa esne

2,5 ml/½ koilarakada bainila esentzia (estraktua)

4 arrautza zuringoa

50 g/2 oz/½ kopa intxaurrak, txikituta

Nahastu irina, azukrea, hautsa eta gatza. Irabiatu gurina edo margarina, gero esnea eta bainila esentzia. Arrautza zuringoak krema batean irabiatu eta gero fruitu lehorrak nahastu. Koilara koipeztatu eta irinatutako 450 g/1lb mikrouhin-lapiko ontzi batean (zartagin) eta mikrouhinean jarri altuan 12 minutuz. Kendu labetik, estali paperarekin eta utzi hozten 10 minutuz, eta, ondoren, birrindu erretilu batera hozten.

No Bake Amaretti Tarta

20 cm/8 tarta bat egiten du

100 g/4oz/½ Kopako gurina edo margarina

175 g/6oz/1½ kopa txokolate leuna (erdi gozoa).

75 g/3 oz Amaretti cookieak, birrinduta

175 g/6 oz/1½ kopa intxaurrak, txikituta

50 g/2 oz/½ kopa pinu

75 g/3 oz/1/3 kopa glacé (konfitatuak) gerezi, txikituta

30 ml/2 koilarakada Grand Marnier

225 g/8 oz/1 kopa Mascarpone gazta

Urtu gurina edo margarina eta txokolatea bero-erresistentea den ontzi batean, astiro-astiro irakiten ari den urarekin. Kendu sutatik eta nahasi gailetak, fruitu lehorrak eta gereziak. Jarri koilarakada filmarekin (plastikozko filmarekin) estalitako ogitarteko molde batean (zartagin) eta sakatu astiro-astiro. Hoztu 1 orduz ezarri arte. Jarri plater batera eta kendu filma. Irabiatu Grand Marnier mascarponean eta koilara jarri oinarriaren gainean.

Arroz kurruskaria amerikar makilak

24 barra inguru egiten ditu

50 g/2 oz/¼ kopa gurina edo margarina

225 g/8oz marshmallow zuriak

5 ml/1 koilarakada bainila esentzia (estraktua)

150 g/5 oz/5 edalontzi arroz puztua

Urtu gurina edo margarina zartagin handi batean su motelean. Gehitu marshmallows eta egosi, irabiatuz, marshmallows urtu eta nahasketa almibarretan egon arte. Kendu sutatik eta gehitu bainila esentzia. Irabiatu arroza zerealak uniformeki estali arte. Sakatu 23 cm/9 lata karratu batean (zartagin) eta moztu barratan. Utzi gogortzen.

Abricot karratuak

12 egiten ditu

50 g/2 oz/¼ kopa gurina edo margarina

175 g/6 oz/1 lata txiki esne lurrundua

15 ml/1 koilarakada ezti purua

45 ml/3 koilarakada sagar zukua

50 g/2 oz/¼ kopa azukre marroi biguna

50 g/2 oz/1/3 kopa sultanak (urrezko mahaspasak)

225 g/8 oz/11/3 edalontzi prest egindako abrikot lehorrak, txikituta

100 g/4 oz/1 kopa koko lehortua (birrindua).

225 g/8 oz/2 edalontzi ijetzitako oloa

Urtu gurina edo margarina esnearekin, eztiarekin, sagar zukuarekin eta azukrearekin. Nahastu gainerako osagaiak. Sakatu koipeztatutako 25 cm/12 labeko ontzi batean (zartagin) eta hoztu karratutan moztu aurretik.

Suitzako abrikot pastela

23 cm/9 tarta bat egiten du

400 g/14oz/1 lata handi abrikot erdiak, xukatuta eta zukua gordeta

50 g/2 oz/½ kopa krema hautsa

75 g/3 oz/¼ Kopako abrikot-jelea (kontserba garbia)

75 g/3 oz/½ kopa jateko prest dauden abrikot lehorrak, txikituta

400 g/14oz/1 esne kondentsatu lata handi

225 g/8 oz/1 kopa gazta

45 ml/3 koilarakada limoi zukua

1 Suitzako erroilua, xerratan

Egin abrikot-zukua 500 ml/17 fl oz/2¼ edalontzi urarekin. Nahasketa hautsa likido pixka batekin nahastu ore bat egiteko eta gainerakoa irakiten jarri. Nahastu pasta eta abrikot-jelea nahastu eta, etengabe nahastuz, sutan loditu eta distiratsu egon arte. Birrindu abrikot kontserbak eta gehitu nahasketari abrikot lehorrekin. Utzi hozten, noizean behin irabiatuz.

Nahastu esne kondentsatua, gazta eta limoi zukua ondo konbinatu arte, eta gero gelatina sartu. Hornitu 23 cm/9 tarta zartagin bat filmarekin (plastikozko itzulbiratua) eta jarri zartaginaren behealdean eta alboetan erroiluen xerrak (gelatina). Irabiatu pastelaren nahasketa koilara batekin eta utzi ezartzen. Zerbitzatzeko prest dagoenean, irauli kontu handiz.

Hautsitako cookie pastelak

12 egiten ditu

100 g/4oz/½ Kopako gurina edo margarina

30 ml/2 koilarakada azukre birrindua (oso fina).

15 ml/1 koilarakada urrezko (arto argia) almibarretan

30 ml/2 koilarakada kakao-hautsa

225 g/8 oz/2 edalontzi hautsitako cookie-apurrak

50 g/2 oz/1/3 kopa sultanak (urrezko mahaspasak)

Urtu gurina edo margarina azukrea eta almibarretan nahasketa irakiten utzi gabe. Nahasi kakaoa, galletak eta sultanak. Sakatu koipeztatutako 25 cm/10 labeko ontzi batean (labean), utzi hozten eta hozkailuan irmo arte. Laukietan moztu.

Ez labean esne tarta

23 cm/9 tarta bat egiten du

30 ml/2 koilarakada krema hautsa

100 g/4oz/½ Kopako azukre (oso fina).

450 ml/¾ pt/2 edalontzi esne

175 ml/6 fl oz/¾ kopa gurin-esne

25 g/1 oz/2 koilarakada gurina edo margarina

400 g/12 oz galleta arruntak, xehatuta

120 ml/4 fl oz/½ kopa esnegaina

Nahastu krema-hautsa eta azukrea esne pixka batekin pasta bat egiteko. Jarri gainerako esnea irakiten. Nahasi pastara, gero nahasketa osoa zartaginera itzuli eta su motelean irabiatu 5 minutu inguru loditu arte. Nahasi gurina eta gurina edo margarina. Jarri gaileta birrinduen eta krema nahasketaren geruzak film filmarekin (plastikozko) forratutako 23 cm/9 tarta-ontzi batean edo kristalezko ontzi batean. Sakatu poliki-poliki eta hozkailuan ezarri arte. Irabiatu esnegaina gogortu arte eta jarri krema arrosak tarta gainean. Edo zerbitzatu ontzi batetik edo kontu handiz kendu eta zerbitzatu.

Gaztaina moztua

900 g/2lb opil bat egiten du

225 g/8 oz/2 edalontzi txokolate leuna (erdi gozoa).

100 g/4oz/½ Kopako gurina edo margarina, bigundua

100 g/4oz/½ Kopako azukre (oso fina).

450 g/1lb/1 lata handi gaztaina-purea gozoki gabea

25 g/1 oz/¼ kopa arroz irina

Banila esentzia tanta batzuk (estraktua)

150 ml/¼ pt/2/3 kopa esnegaina harrotua, harrotua

Apaintzeko txokolate birrindua

Urtu txokolate purua bero-erresistentea den ontzi batean ur pixka bat irakiten duen zartagin baten gainean. Gurina edo margarina eta azukrea irabiatu arina eta leuna izan arte. Nahastu gaztaina purea, txokolatea, arroz irina eta bainila esentzia. Transferitu koipeztatu eta forratuta 900 g/2lb ogi-ontzi batera (zartagin) eta hoztu ezarri arte. Hornitu aurretik krema harrotua eta txokolate birrinduarekin apaindu.

Gaztaina bizkotxoa

900 g/2 lb tarta bat egiten du

Tartarako:

400g/14oz/1 lata handi gaztaina pure gozotua

100 g/4oz/½ Kopako gurina edo margarina, bigundua

1 arrautza

Banila esentzia tanta batzuk (estraktua)

30 ml/2 koilarakada brandy

24 gaileta

Frosting egiteko:

30 ml/2 koilarakada kakao-hautsa

15 ml/1 koilarakada azukre (oso fina).

30 ml/2 koilarakada ur

Gurina krema egiteko:

100 g/4oz/½ Kopako gurina edo margarina, bigundua

100 g/4oz/2/3 cup azukre (gozotegiak), bahetuta

15 ml / 1 koilarakada kafe esentzia (estraktua)

Tarta egiteko, konbinatu gaztain-purea, gurina edo margarina, arrautza, bainila esentzia eta 15 ml/1 koilarakada brandy eta irabiatu leun arte. Koipeztatu 900 g (2lb) ogi-ontzi bat, lerrokatu eta hornitu behea eta alboak bizkotxoekin. Ornitu cookieak gainerako brandyarekin eta irabiatu gaztaina nahasketa erdian. Utzi gogortzen.

Kendu moldetik eta kendu atzeko papera. Desegin izoztearen osagaiak ur apur bat irakiten duen ontzi batean jarritako ontzi batean eta irabiatu leun arte. Utzi apur bat hozten eta, gero, zabaldu izozkiaren zatirik handiena pastelaren gainean. Irabiatu gurin krema osagaiak leun arte eta, ondoren, eraztunak eratu pastelaren ertzean. Azkenik, busti gordetako izoztearekin.

Txokolate eta almendra barrak

12 egiten ditu

175 g/6oz/1½ kopa txokolate leuna (erdi gozoa), txikituta

3 arrautza, bereizita

120 ml/4 fl oz/½ kopa esne

10 ml/2 koilarakada hauts gelatina

120 ml/4 fl oz/½ Kopako krema bikoitza (astuna).

45 ml/3 koilarakada azukre birrindua (oso fina).

60 ml/4 koilarakada almendra xehatuta, txigortuta

Urtu txokolatea bero-erresistentea den ontzi batean, leunki egosten den ur zartagin baten gainean. Kendu sutatik eta irabiatu arrautza gorringoak. Esnea beste zartagin batean egosi eta gero gelatina irabiatu. Irabiatu txokolate-nahasketara, gero krema. Irabiatu zuringoak gogortu arte, gero azukrea gehitu eta berriro irabiatu gogor eta distiratsu arte. Nahastu nahasketara. Koilara koipeztatu eta forratuta dagoen 450 g/1lb ogi-ontzi batean, hautseztatu almendra txigortuak eta utzi hozten, gero hozkailuan gutxienez 3 orduz ezarri arte. Biratu eta moztu xerra lodietan zerbitzatzeko

Txokolatezko tarta

450 g/1lb opil bat egiten du

150 g/5oz/2/3 kopa gurina edo margarina
30 ml/2 koilarakada urrezko (arto argia) almibarretan

175 g/6 oz/1½ kopa Graham cracker apurrak

50 g/2 oz/2 edalontzi puztutako arroz zereal

25 g/1 oz/3 koilarakada sultanak (urrezko mahaspasak)

25 g/1 oz/2 koilarakada glacé (konfitatuak) gerezi, txikituta

225 g/8 oz/2 edalontzi txokolate txip

30 ml/2 koilarakada ur

175 g/6 oz/1 kopa azukrea (gozotegiak), bahetuta

Urtu 100 g gurin edo margarina almibarretan, gero kendu sutik eta nahasi gaileta apurrak, zerealak, sultanak, gereziak eta txokolate txiparen hiru laurdenak. Koilara koipeztatu eta forratuta 450 g/1lb ogi-ontzi batean (zartagin) eta leundu gainazala. Utzi gogortzen. Urtu gainerako gurina edo margarina gainerako txokolatearekin eta urarekin. Nahastu azukre hautsa eta nahastu leun arte. Kendu tarta moldetik eta moztu erditik luzera. Jarri ogitartekoa txokolatezko frostingaren erdiarekin (frostinga) zerbitzatu plater batean eta gainontzeko gainerako frostingarekin. Hoztu zerbitzatu aurretik.

Txokolate karratuak

24 urte inguru ditu

225 g digestio gaileta (graham crackers)

100 g/4oz/½ Kopako gurina edo margarina

25 g/1oz/2 tbsp azukre (oso fina).

15 ml/1 koilarakada urrezko (arto argia) almibarretan

45 ml/3 koilarakada kakao-hautsa

200 g/7oz/1¾ Kopako txokolate pastelaren bilgarria

Jarri cookieak plastikozko poltsa batean eta birrindu arrabol batekin. Urtu gurina edo margarina zartagin batean, gero azukrea eta almibarretan nahasi. Kendu sutik eta irabiatu cookie-apurrak eta kakaoa. Jarri koipeztatu eta forratuta 18 cm/7 tarta-ontzi karratu batera eta sakatu uniformeki. Utzi hozten eta gero hozkailuan sartu.

Urtu txokolatea bero-erresistentea den ontzi batean, leunki egosten den ur zartagin baten gainean. Zabaldu gaileta gainean eta markatu lerroak sardexka batekin gogortu ahala. Moztu gogortua karratuetan.

Txokolate tarta hozkailuarekin

450 g/1lb tarta bat egiten du

100 g/4oz/½ Kopako azukre marroi biguna

100 g/4oz/½ Kopako gurina edo margarina

50 g/2oz/½ kopa txokolate hautsa edateko

25 g / 1 oz / ¼ Kopako kakao (txokolate gozoa) hautsa

30 ml/2 koilarakada urrezko (arto argia) almibarretan

150 g/5 oz digestio gaileta (graham cracker) edo tea gaileta aberatsak

50 g/2 oz/¼ kopa glacé (konfitatuak) gerezi edo fruitu lehorrak eta mahaspasa nahasiak

100 g/4 oz/1 kopa esne txokolate

Jarri zartagin batean azukrea, gurina edo margarina, txokolatea edanez, kakaoa eta almibarretan eta berotu astiro-astiro, ondo irabiatuz, gurina urtu arte. Kendu sutik eta xehatu cookietan. Nahastu gereziak edo fruitu lehorrak eta mahaspasak eta koilara jarri 450 g/1lb ogi-ontzi batean. Utzi hozkailuan hozten.

Urtu txokolatea bero-erresistentearen ontzi batean ur pixka bat irakiten duen zartagin baten gainean. Zabaldu hoztutako pastelaren gainean eta xerra ezarri ondoren.

Txokolate eta fruta tarta

18 cm/7 tarta bat egiten du

100 g/4oz/½ Kopako gurina edo margarina, urtua

100 g/4oz/½ Kopako azukre marroi biguna

225 g/8 oz/2 edalontzi Graham cracker apurrak

50 g/2 oz/1/3 kopa sultanak (urrezko mahaspasak)

45 ml/3 koilarakada kakao-hautsa

1 arrautza, irabiatua

Banila esentzia tanta batzuk (estraktua)

Nahastu gurina edo margarina eta azukrea, ondoren gainerako osagaiak nahastu eta ondo irabiatu. Koilara koipeztatuta dagoen 18 cm/7 ogitarteko molde batean (zartagin) eta leundu gainazala. Hoztu solido arte.

Txokolate eta jengibre karratuak

24 egiten ari da

100 g/4oz/½ Kopako gurina edo margarina

100 g/4oz/½ Kopako azukre marroi biguna

30 ml/2 koilarakada kakao-hautsa

1 arrautza, arinki irabiatua

225 g/8 oz/2 edalontzi jengibre cookie-apurrak

15 ml/1 koilarakada jengibre kristalino txikitua (konfitatua).

Urtu gurina edo margarina, gero nahastu azukrea eta kakaoa ondo konbinatu arte. Irabiatu arrautzak, cookie apurrak eta jengibrea. Sakatu Suitzako erroiluen molde batean (gelatinazko erroiluak) eta hozkailuan ezarri arte. Laukietan moztu.

Luxuzko txokolatea eta jengibre karratuak

24 egiten ari da

100 g/4oz/½ Kopako gurina edo margarina

100 g/4oz/½ Kopako azukre marroi biguna

30 ml/2 koilarakada kakao-hautsa

1 arrautza, arinki irabiatua

225 g/8 oz/2 edalontzi jengibre cookie-apurrak

15 ml/1 koilarakada jengibre kristalino txikitua (konfitatua).

100 g/4 oz/1 kopa txokolate leuna (erdi gozoa).

Urtu gurina edo margarina, gero nahastu azukrea eta kakaoa ondo konbinatu arte. Irabiatu arrautzak, cookie apurrak eta jengibrea. Sakatu Suitzako erroiluen molde batean (gelatinazko erroiluak) eta hozkailuan ezarri arte.

> Urtu txokolatea bero-erresistentea den ontzi batean, leunki egosten den ur zartagin baten gainean. Zabaldu tarta gainean eta uzten utzi. Txokolatea ia gogorra dagoenean karratuetan moztu.

Ezti txokolatezko galletak

12 egiten ditu

225 g/8 oz/1 Kopako gurina edo margarina

30 ml/2 koilarakada ezti purua

90 ml/6 koilarakada karobia edo kakaoa (txokolate gozoa) hautsa

225 g/8 oz/2 edalontzi gozoki apurrak

Urtu gurina edo margarina, eztia eta algarroba edo kakao-hautsa zartagin batean ondo konbinatu arte. Nahasi cookie-apurrak. Koilarakada koipeztatuta dagoen 20 cm/8 tarta-ontzi batean (labean) utzi eta hozten utzi, ondoren laukitan moztu.

Txokolatezko geruza tarta

450 g/1lb tarta bat egiten du

300 ml/½ puntu/1¼ kopa bikoitza (astuna).

225 g/8 oz/2 edalontzi txokolate leuna (erdi gozoa), zatituta

5 ml/1 koilarakada bainila esentzia (estraktua)

20 cookie arruntak

Berotu esnegaina zartagin batean su baxuan ia irakiten arte. Sutik kendu eta txokolatea gehitu, nahasi, estali eta utzi 5 minutuz. Irabiatu bainila esentzia eta nahastu ondo konbinatu arte, gero hoztu nahasketa loditzen hasi arte.

Hornitu 450 g / 1lb lata bat (zartagina) filmarekin (plastikozko paperarekin). Zabaldu txokolate geruza bat behean eta jarri gaileta batzuk gainean. Jarraitu txokolatea eta cookieak geruzatzen erabili arte. Bukatu txokolate geruza batekin. Estali filmarekin eta hoztu gutxienez 3 orduz. Buelta pastelari eta kendu filma.

Txokolate barra politak

12 egiten ditu

100 g/4oz/½ Kopako gurina edo margarina

30 ml/2 koilarakada urrezko (arto argia) almibarretan

30 ml/2 koilarakada kakao-hautsa

225 g/8 oz/1 pakete Galleta finak edo arruntak, xehatuta

100 g/4 oz/1 Kopako txokolate leuna (erdi gozoa), dadotan moztuta

Gurina edo margarina eta almibarretan urtu, gero sutik kendu eta kakaoa eta gaileta birrinduak irabiatu. Zabaldu nahasketa 23 cm/9 tarta koadro batean eta berdindu azalera. Urtu txokolatea bero-erresistentea den ontzi batean ur pixka bat irakiten duen zartagin baten gainean eta zabaldu gainazalean. Utzi pixka bat hozten, gero barra edo karratutan moztu eta hozkailuan egon arte.

Txokolatezko praline laukitxoak

12 egiten ditu

100 g/4oz/½ Kopako gurina edo margarina

30 ml/2 koilarakada azukre birrindua (oso fina).

15 ml/1 koilarakada urrezko (arto argia) almibarretan

15 ml/1 koilarakada txokolate hautsa edateko

225 g/8 oz digestio crackers (graham crackers), xehatuta

200 g/7 oz/1¾ kopa txokolate leuna (erdi gozoa).

100 g/4oz/1 Kopako fruitu lehor nahasi txikituak

Urtu gurina edo margarina, azukrea, almibarretan eta edateko txokolatea zartagin batean. Ekarri irakiten, gero irakiten 40 segundoz. Kendu sutik eta nahasi crackers eta fruitu lehorrak. Sakatu 28 x 18 cm/11 x 7 cm-ko tarta koipeztatu batean. Urtu txokolatea bero-erresistentearen ontzi batean ur pixka bat irakiten duen zartagin baten gainean. Zabaldu cookieetan eta hozten utzi, gero hozkailuan 2 orduz, ondoren laukitan moztu.

Koko patata frijituak

12 egiten ditu

100 g/4 oz/1 kopa txokolate leuna (erdi gozoa).

30 ml/2 koilarakada esnea

30 ml/2 koilarakada urrezko (arto argia) almibarretan

100 g/4 oz/4 edalontzi arroz puztua

50 g/2 oz/½ kopa koko lehortua (birrindua).

Urtu txokolatea, esnea eta almibarretan zartagin batean. Kendu sutik eta irabiatu zerealak eta kokoa. Jarri koilara paperezko tarta ontzietan (cupcake paperetan) eta utzi ezartzen.

Crunch tabernak

12 egiten ditu

175 g/6 oz/¾ kopa gurina edo margarina

50 g/2 oz/¼ kopa azukre marroi biguna

30 ml/2 koilarakada urrezko (arto argia) almibarretan

45 ml/3 koilarakada kakao-hautsa

75 g/3 oz/½ Kopako mahaspasak edo sultanak (urrezko mahaspasak)

350 g/12 oz/3 edalontzi Olo-irina Zereal kurruskaria

225 g/8 oz/2 edalontzi txokolate leuna (erdi gozoa).

Urtu gurina edo margarina azukrea, almibarretan eta kakaoarekin. Nahastu mahaspasak edo sultanak eta zerealak. Sakatu nahasketa koipeztatuta dagoen 25 cm/12 koipeztatutako labeko ontzi batean (labean). Urtu txokolatea bero-erresistentearen ontzi batean ur pixka bat irakiten duen zartagin baten gainean. Zabaldu tabernetan eta utzi hozten, gero hoztu barratan moztu aurretik.

Koko eta mahaspasekin patata frijituak

12 egiten ditu

100 g/4 oz/1 kopa txokolate zuri

30 ml/2 koilarakada esnea

30 ml/2 koilarakada urrezko (arto argia) almibarretan

175 g/6 oz/6 edalontzi arroz puztua

50 g/2 oz/1/3 kopa mahaspasa

Urtu txokolatea, esnea eta almibarretan zartagin batean. Kendu sutik eta nahasi zerealak eta mahaspasak. Jarri koilara paperezko tarta ontzietan (cupcake paperetan) eta utzi ezartzen.

Kafe esne karratuak

20 egiten ari da

25 g/1 oz/2 koilarakada hauts gelatina

75 ml/5 koilarakada ur hotza

225 g/8 oz/2 edalontzi galleta apurrak

50 g/2 oz/¼ Kopako gurina edo margarina, urtua

400 g/14 oz/1 lata handi esne lurrundua

150 g/5oz/2/3 kopa azukre (oso fina).

400 ml/14 fl oz/1¾ edalontzi kafe beltz sendoa, izotza hotza

Esnegaina eta kristalizatu (konfitatuak) laranja xerra apaintzeko

Bota gelatina ontzi batean uretara eta utzi disolbatzen. Jarri ontzia ur bero batean eta utzi disolbatu arte. Utzi pixka bat hozten. Nahastu apurrak urtutako gurinarekin eta sakatu koipeztaturiko 30 x 20 cm/12 x 8 tarta zartagin angeluzuzen baten hondoan eta alboetan. Irabiatu lurrundutako esnea lodi arte, eta gero pixkanaka irabiatu azukrea, eta ondoren disolbatutako gelatina eta kafea. . Oinarriaren gainean bota eta hozkailuan jarri arte. Laukietan moztu eta esnegaina eta kristalizatutako (konfitatuta) laranja xerrarekin apaindu.

Ez labean fruta pastela

23 cm/9 tarta bat egiten du

450 g/1lb/22/3 edalontzi fruta nahasi lehorrak (fruta tarta nahasketa)

450 g/1 lb cookie arruntak, xehatuta

100 g/4oz/½ Kopako gurina edo margarina, urtua

100 g/4oz/½ Kopako azukre marroi biguna

400 g/14oz/1 esne kondentsatu lata handi

5 ml/1 koilarakada bainila esentzia (estraktua)

Nahastu osagai guztiak ondo konbinatu arte. Jarri koilaratxo batean koipeztatuta dagoen 23 cm/9-ko diametroa duen plastikozko paperarekin eta zapaldu. Utzi gogortzen.

Fruta karratuak

12 inguru egiten ditu

100 g/4oz/½ Kopako gurina edo margarina

100 g/4oz/½ Kopako azukre marroi biguna

400 g/14oz/1 esne kondentsatu lata handi

5 ml/1 koilarakada bainila esentzia (estraktua)

250 g/9 oz/1 ½ Kopako fruta nahasi lehorrak (fruta tarta nahasketa)

100 g/4 oz/½ kopa glacé (konfitatuak) gerezi

50 g/2 oz/½ Kopako fruitu lehor nahasi txikituak

400 g/14 oz galleta arruntak, xehatuta

Urtu gurina edo margarina eta azukrea su baxuan. Nahasi esne kondentsatua eta bainila esentzia eta kendu sutik. Nahastu gainerako osagaiak. Sakatu koipeztaturiko molde suitzar batean (jelea erroiluak) eta hozkailuan jarri 24 orduz, gogortu arte. Laukietan moztu.

Fruta eta zuntz crackling

12 egiten ditu

100 g/4 oz/1 kopa txokolate leuna (erdi gozoa).

50 g/2 oz/¼ kopa gurina edo margarina

15 ml/1 koilarakada urrezko (arto argia) almibarretan

100 g gosaltzeko zereal fruta eta zuntzekin

Urtu txokolatea bero-erresistentearen ontzi batean ur pixka bat irakiten duen zartagin baten gainean. Nahastu gurina edo margarina eta almibarretan. Irabiatu zerealak. Jarri koilara paperezko tarta moldeetan (cupcake paperetan) eta utzi hozten eta gogortzen.

Turroi tarta

900 g/2 lb tarta bat egiten du

15 g/½ ontza/1 koilarakada hauts gelatina

100 ml/3½ fl oz/6½ koilarakada ur

1 belaki txiki pakete

225 g/8 oz/1 Kopako gurina edo margarina, bigundua

50 g/2oz/¼ Kopako azukre (oso fina).

400 g/14oz/1 esne kondentsatu lata handi

5 ml/1 koilarakada limoi zukua

5 ml/1 koilarakada bainila esentzia (estraktua)

5 ml/1 koilarakada tartaro krema

100 g/4 oz/2/3 Kopako fruta nahasi lehorrak (fruta tarta nahasketa), txikituta

Bota gelatina uraren gainean ontzi txiki batean, eta jarri ur bero zartagin baten gainean gelatina gardena izan arte. Hoztu pixka bat. Hornitu 900 g/2lb-ko ogi-ontzi bat paperarekin, paperak lataren goiko aldea estaltzen duen eta, ondoren, jarri belaki txikien erdiak behean. Gurina edo margarina eta azukrea irabiatu kremeatsua izan arte eta, gero, irabiatu gainerako osagai guztiak. Moldean sartu koilara eta gainean geratzen diren bizkotxo txikiak jarri. Estali paperarekin eta jarri pisuak gainean. Utzi gogortzen.

Esnea eta intxaur muskatua karratuak

20 egiten ari da

Fundaziorako:

225 g/8 oz/2 edalontzi galleta apurrak

30 ml/2 koilarakada azukre marroi biguna

2,5 ml/½ koilarakada intxaur muskatu birrindua

100 g/4oz/½ Kopako gurina edo margarina, urtua

Betetzeko:

1,2 litro/2 puntu/5 kopa esne

25 g/1 oz/2 koilarakada gurina edo margarina

2 arrautza, bereizita

225 g/8oz/1 Kopako azukre (oso fina).

100 g/4 oz/1 kopa arto-irina (arto-almidoia)

50 g/2 oz/½ kopa arrunta (erabilera guztietarako) irina

5 ml/1 koilarakada gozogintza hautsa

Intxaur muskatu birrindu pixka bat

Intxaur muskatu birrindua hautseztatzeko

Egin oinarria gaileta apurrak, azukrea eta intxaur muskatua urtutako gurinarekin edo margarinarekin nahastuz eta koipeztaturiko 30 x 20 cm/12 x 8 cm-ko tarta-ontzi baten oinarrian sartu.

Betegarria prestatzeko, irakiten jarri litro 1/1¾ puntu/4¼ kopa esne kazola handi batean. Gehitu gurina edo margarina. Irabiatu gorringoak gainera120 esnearekin. Nahastu azukrea, arto-irina, irina, gozogintza hautsa eta intxaur muskatua. Irabiatu irakiten dagoen esnearen zati bat arrautza-gorringoaren nahasketara, pasta bat osatu arte, eta, ondoren, irabiatu orea irakiten den esnean minutu batzuk loditu arte. Kendu sutik. Irabiatu zuringoak gogortu arte eta gero nahasketara tolestu. Oinarriaren gainean bota eta eskuzabal hautseztatu intxaur muskatua. Utzi hozten, gero hoztu eta laukitan moztu zerbitzatu aurretik.

Muesli Crunch

16 lauki inguru egiten ditu

400 g txokolate leuna (erdi gozoa).

45 ml/3 koilarakada urrezko (arto argia) almibarretan

25 g/1 oz/2 koilarakada gurina edo margarina

225 g/8oz/2/3 kopa muesli inguru

Urtu txokolate erdia, almibarretan eta gurina edo margarina elkarrekin. Pixkanaka-pixkanaka irabiatu nahikoa muesli nahasketa zurrun bat osatzeko. Sakatu koipeztaturiko Suitzako molde batean (jelea erroiluak). Gainerako txokolatea urtu eta gainazala leundu. Hozkailuan utzi hozten karratutan moztu aurretik.

Laranja aparra karratuak

20 egiten ari da

25 g/1 oz/2 koilarakada hauts gelatina

75 ml/5 koilarakada ur hotza

225 g/8 oz/2 edalontzi galleta apurrak

50 g/2 oz/¼ Kopako gurina edo margarina, urtua

400 g/14 oz/1 lata handi esne lurrundua

150 g/5oz/2/3 kopa azukre (oso fina).

400 ml/14 fl oz/1¾ kopa laranja zukua

Esnegaina eta txokolate gozokiak apaintzeko

Bota gelatina ontzi batean uretara eta utzi disolbatzen. Jarri ontzia ur bero batean eta utzi disolbatu arte. Utzi pixka bat hozten. Nahastu apurrak urtutako gurinarekin eta sakatu koipeztaturiko 30 x 20 cm/12 x 8 azaleko tarta ontzi baten hondoan eta alboetan. Irabiatu esnea lodi arte, gero pixkanaka sartu azukrea, gero disolbatutako gelatina eta laranja zukua. Oinarriaren gainean bota eta hozkailuan jarri arte. Laukietan moztu eta esnegaina eta txokolatezko gozokiekin apaindu.

Kakahuete karratuak

18 urte betetzen ditu

225 g/8 oz/2 edalontzi galleta apurrak

100 g/4oz/½ Kopako gurina edo margarina, urtua

225 g/8 oz/1 Kopako kakahuete-gurin kurruskaria

25 g/1 oz/2 koilarakada glacé (konfitatuak) gerezi

25 g/1 oz/3 koilarakada grosella

Nahastu osagai guztiak ondo konbinatu arte. Sakatu koipeztatutako 25 cm/12 lata batean (labean) eta utzi hozten irmo arte, ondoren laukitan moztu.

Mint Caramel Cookieak

16 urte beteko ditu

400 g/14oz/1 esne kondentsatu lata handi

600 ml/1 pt/2 ½ kopa esne

30 ml/2 koilarakada krema hautsa

225 g/8 oz/2 edalontzi Graham cracker apurrak

100 g/4oz/1 kopa mendako txokolate, zatitan hautsita

Jarri esne kondentsatu gabeko lata bat lata estaltzeko urez betetako zartagin batean. Ekarri irakiten, estali eta egosi 3 orduz, behar izanez gero ur irakinarekin betez. Hozten utzi, gero lata ireki eta karamelua kendu.

Berotu 500 ml/17 fl oz/2¼ cups esnea karameluarekin, irakiten jarri eta nahastu disolbatu arte. Nahastu krema hautsa gainerako esnearekin ore batean, gero zartaginean nahastu eta loditu arte, etengabe nahastuz. Bota gaileta apurrearen erdia koipeztatuta dagoen 20 cm/8 tarta-ontzi karratu baten hondoan, gainean karamelu esnearen erdia eta hautseztatu txokolatearen erdia. Errepikatu geruzak eta gero hozten utzi. Hoztu eta gero zerbitzatu zatitan moztu.

Arroz crackers

24 egiten ari da

175 g/6 oz/½ kopa ezti arrunta

225 g/8 oz/1 Kopako azukre granulatua

60 ml/4 koilarakada ur

350 g/12 oz/1 kutxa arroz puztua

100 g/4 oz/1 Kopako kakahuete erreak

Desegin eztia, azukrea eta ura kazola handi batean eta utzi hozten 5 minutuz. Irabiatu zerealak eta kakahueteak. Moldatu bolak, jarri paperezko pasteletan (cupcake paperetan) eta utzi hozten eta gogortzen.

Toffettea arroz eta txokolatearekin

225 g/8oz egiten ditu

50 g/2 oz/¼ kopa gurina edo margarina

30 ml/2 koilarakada urrezko (arto argia) almibarretan

30 ml/2 koilarakada kakao-hautsa

60 ml/4 koilarakada azukre (oso fina).

50 g/2 oz/½ Kopako lurreko arroz

Urtu gurina eta almibarretan. Nahastu kakaoa eta azukrea disolbatu arte, gero lurreko arroza irabiatu. Ekarri irakiten leun batean, murriztu beroa eta irakiten astiro-astiro 5 minutuz, etengabe nahastuz. Koilara koipeztatu eta forratuta 20 cm/8 koadroko lata batean (zartagin) eta utzi pixka bat hozten. Moztu karratuetan eta utzi guztiz hozten zartaginetik atera aurretik.

Almendra pasta

23 cm/9 tarta baten goiko aldea eta alboak estaltzen ditu

225 g/8 oz/2 kopa almendra ehoa

225 g/8 oz/11/3 cups azukre hautsa (gozotegiak), bahetuta

225 g/8oz/1 Kopako azukre (oso fina).

2 arrautza, arinki irabiatuta

10 ml/2 koilarakada limoi zukua

Almendra esentzia tanta batzuk (estraktua)

Tolestu almendrak eta azukrea. Nahastu pixkanaka gainerako osagaiak, pasta leun bat sortu arte. Itzulbiratu film film batean (plastikozko papera) eta hozkailuan jarri erabili aurretik.

Almendra pasta azukrerik gabe

15 cm/6 tarta baten goiko aldea eta alboak estaltzen ditu

100 g/4 oz/1 kopa almendra ehoa

50 g/2 oz/½ kopa fruktosa

25 g/1 oz/¼ kopa arto-irina (arto-almidoia)

1 arrautza, arinki irabiatua

Nahastu osagai guztiak pasta leun bat lortu arte. Itzulbiratu film film batean (plastikozko paperean) eta hozkailuan jarri erabili aurretik.

Errege izotza

20 cm/8 tarta baten goiko aldea eta alboak estaltzen ditu

5 ml/1 koilarakada limoi zukua

2 arrautza zuringoa

450 g/1 lb/22/3 cups azukre hautsa (gozotegiak), bahetuta

5 ml/1 koilarakada glizerina (aukerakoa)

Limoi zukua arrautza zuringoarekin nahastu eta pixkanaka azukrea hautsarekin irabiatu izoztea (icing) leuna eta zuria izan eta koilara baten atzealdea estali arte. Glizerina tanta batzuek izoztea hauskorra izatea saihestuko dute. Estali eskuoihal heze batekin eta utzi 20 minutuz, aire-burbuilak azalera igo daitezen.

Opilaren gainean koherentzia horren icinga bota eta ur beroan bustitako labana batekin leun dezakegu. Dastatzeko, nahastu azukre-hauts gehiago izozteak puntetan eusteko nahikoa zurruna izan dadin.

Icing azukrerik gabe

15 cm-ko diametroa duen pastel bat estaltzeko nahikoa

50 g/2 oz/½ kopa fruktosa

Gatz pixka bat

1 arrautza zuringoa

2,5 ml/½ koilarakada limoi zukua

Fruktosa hautsa elikagai-prozesadorean prozesatu azukre hautsa bezain fina izan arte. Nahasi gatza. Jarri beroa ez den ontzi batera eta irabiatu arrautza zuringoa eta limoi zukua. Jarri ontzia astiro-astiro irakiten duen urarekin eta jarraitu irabiatzen gailur zurrunak sortu arte. Kendu sutik eta irabiatu hozten arte.

Fondant frostinga

20 cm/8 tarta bat estaltzeko nahikoa

450 g/1lb/2 edalontzi birrindua (oso fina) edo azukre kuboa

150 ml/¼ pt/2/3 kopa ur

15 ml/1 koilaratxo glukosa likido edo 2,5 ml/½ koilaratxo azido tartariko

Desegin azukrea uretan kazola handi eta astun batean su motelean. Zartaginaren alboak ur hotzean bustitako eskuila batekin garbitu kristalak sortu ez daitezen. Tartaro-krema ur apur batean desegin eta gero zartaginean nahastu. Ekarri irakiten eta egosi etengabe 115 °C/242 °F-ra, izozte tanta batek bola leun bat sortzen duenean ur hotzetan erortzean. Bota poliki-poliki jarabea bero-erresistentearen ontzi batera eta utzi azala sortu arte. Irabiatu frostinga egurrezko koilara batekin opakua eta zurrun egon arte. Oratu leuna arte. Beharrezkoa izanez gero, berotu labean kontrako ontzi batean ur beroko zartagin baten gainean, erabili aurretik, leuntzeko.

Gurina izoztea

20 cm/8 tarta bat bete eta estaltzeko nahikoa

100 g/4oz/½ Kopako gurina edo margarina, bigundua

225 g / 8 oz / 11/3 cups azukre hautsa (gozotegiak), bahetuta

30 ml/2 koilarakada esnea

Gurina edo margarina irabiatu bigundu arte. Irabiatu pixkanaka azukrea eta esnea ondo konbinatu arte.

Txokolatezko gurin krema frostinga

20 cm/8 tarta bat bete eta estaltzeko nahikoa

30 ml/2 koilarakada kakao-hautsa

15 ml/1 koilarakada ur irakiten

100 g/4oz/½ Kopako gurina edo margarina, bigundua

225 g/8 oz/11/3 cups azukre hautsa (gozotegiak), bahetuta

15 ml/1 koilarakada esne

Nahastu kakaoa ur irakinarekin ore bat egiteko eta utzi hozten. Gurina edo margarina irabiatu bigundu arte. Irabiatu pixkanaka azukrea, esnea eta kakao nahasketa ondo konbinatu arte.

Txokolate zuriko gurin krema frostinga

20 cm/8 tarta bat bete eta estaltzeko nahikoa

100 g/4 oz/1 kopa txokolate zuri

100 g/4oz/½ Kopako gurina edo margarina, bigundua

225 g/8 oz/11/3 cups azukre hautsa (gozotegiak), bahetuta

15 ml/1 koilarakada esne

Urtu txokolatea bero-iragazgaitza den ontzi batean sutan egositako zartagin batean eta utzi pixka bat hozten. Gurina edo margarina irabiatu bigundu arte. Irabiatu pixkanaka azukrea, esnea eta txokolatea ondo konbinatu arte.

Kafe Gurina Frosting

20 cm/8 tarta bat bete eta estaltzeko nahikoa

100 g/4oz/½ Kopako gurina edo margarina, bigundua

225 g / 8 oz / 11/3 cups azukre hautsa (gozotegiak), bahetuta

15 ml/1 koilarakada esne

15 ml / 1 koilarakada kafe esentzia (estraktua)

Gurina edo margarina irabiatu bigundu arte. Irabiatu pixkanaka azukrea, esnea eta kafe esentzia ondo konbinatu arte.

Limoi Gurina Frostinga

20 cm/8 tarta bat bete eta estaltzeko nahikoa

100 g/4oz/½ Kopako gurina edo margarina, bigundua

225 g / 8 oz / 1 1/3 cups azukre hautsa (gozotegiak), bahetuta

30 ml/2 koilarakada limoi zukua

Limoi 1aren azala birrindua

Gurina edo margarina irabiatu bigundu arte. Irabiatu pixkanaka azukrea, limoi zukua eta azala ondo konbinatu arte.

Laranja gurin krema izoztea

20 cm/8 tarta bat bete eta estaltzeko nahikoa

100 g/4oz/½ Kopako gurina edo margarina, bigundua

225 g / 8 oz / 11/3 cups azukre hautsa (gozotegiak), bahetuta

30 ml/2 koilarakada laranja zukua

Laranja 1aren azala birrindua

Gurina edo margarina irabiatu bigundu arte. Irabiatu pixkanaka azukrea, laranja zukua eta azala ondo konbinatu arte.

Gazta kremazko izoztea

25 cm/9 tarta bat estaltzeko nahikoa

75 g/3 oz/1/3 kopa krema gazta

30 ml/2 koilarakada gurina edo margarina

350 g/12 oz/2 edalontzi azukrea (gozotegikoa), bahetuta

5 ml/1 koilarakada bainila esentzia (estraktua)

Irabiatu gazta eta gurina edo margarina arina eta leuna izan arte. Pixkanaka-pixkanaka irabiatu azukrea eta bainila esentzia izozte krematsu leun bat lortu arte.

Frosting laranja

25 cm/9 tarta bat estaltzeko nahikoa

250 g/9 oz/1½ kopa azukrea (gozotegikoa), bahetuta

30 ml/2 koilarakada gurina edo margarina, leundua

Almendra esentzia tanta batzuk (estraktua)

60 ml/4 koilarakada laranja zukua

Jarri glasa azukrea ontzi batean eta nahastu gurina edo margarina eta almendra esentzia. Pixkanaka-pixkanaka nahastu nahikoa laranja-zuku glaze gogor bat egiteko.

Laranja likore gaina

20 cm/8 tarta bat estaltzeko nahikoa

100 g/4oz/½ Kopako gurina edo margarina, bigundua

450 g/1 lb/22/3 cups azukre hautsa (gozotegiak), bahetuta

60 ml/4 koilarakada laranja likore

15 ml/1 koilarakada laranja azal birrindua

Igurtzi gurina edo margarina eta azukrea masa arin eta leun batean. Nahastu nahikoa laranja likore koherentzia zabaltzeko, gero nahastu laranja azala.

www.ingramcontent.com/pod-product-compliance
Lightning Source LLC
Chambersburg PA
CBHW070408120526
44590CB00014B/1316